Nato nel 1955, *Mathieu Lindon pubblica il suo primo romanzo,* Nos plaisirs, *nel* 1983. *Nel* 1984 *diventa critico letterario del quotidiano «Libération» e cronista, lavoro che prosegue fino ad oggi. Nel* 1987 *il suo romanzo* Prince et Léonardours *viene minacciato di censura, ma è poi salvato da una reazione degli intellettuali. Nel* 1998 *escono* Champion du monde *e* Le procès de Jean-Marie Le Pen *(pubblicato in Italia da Textus edizioni), e il segretario del Front National ottiene che il libro venga condannato e ritirato. Una nuova petizione di scrittori e intellettuali e il ricorso vinto presso la corte europea dei diritti dell'uomo gli permettono di tornare in libreria. Tra gli altri suoi romanzi ricordiamo* Ma catastrophe adorée *(*2004*),* Ceux qui tiennent debout *(*2006*) e* Ce qu'aimer veut dire *(*2011*), pubblicato in Italia da Barbès Editore.*

Gare du Nord

La frenesia e la multiculturalità della parigina Gare du Nord raccontano il carattere composito della collana di narrativa contemporanea di Edizioni Clichy, dedicata alla scrittura di stampo letterario, principalmente francofona ma non solo: storie, esseri umani, vite, colori, suoni, silenzi, tematiche forti, autori dal linguaggio inconfondibile, senza timore di assumere posizioni di rottura di fronte all'establishment culturale e sociale o di raccontare abissi, sperdimenti, discese ardite ma anche voli e flâneries.

«Une vie pornographique»
de Mathieu Lindon

Edizioni Clichy
Via Pietrapiana, 32
50121 - Firenze
www.edizioniclichy.it

Isbn: 978-88-6799-140-2

Mathieu Lindon

Una vita pornografica

Traduzione di Francesca Martino

Edizioni Clichy

Una vita pornografica

Indice

Dentro 9
Amicizie Oppiacee 45
La poligamia 83
Stop 121
Un chiaroscuro di dipendenze 159
I cessi della storia 195

Dentro

L'eroina dà un nome alle cose della sua vita: intossicazione, traffico, compulsione. Dipendenza e indipendenza. A Perrin, di quel che spera, non porta nulla se non qualcosa di effimero e, a lungo andare, qualcosa che non si aspettava.

Ottiene il numero di cellulare di Manuel e il codice che va con l'ordine - la discrezione è fondamentale, nel caso qualcuno ascoltasse.

Sono anni che prende eroina, che ne è dipendente, anche se non userebbe mai questo termine, ed è sempre a caccia di un nuovo spacciatore quando le circostanze, e cioè la polizia, hanno fatto la pelle a quello precedente. Gli spacciatori sono come i conduttori televisivi e gli amanti senza preservativo, si trattengono sempre troppo a lungo. E quando uno esce di scena, i clienti hanno bisogno di un altro.

Perrin chiama.

«Vorrei mezzo DVD» dice piegandosi al ridicolo del camuffamento.

E il rituale interrotto con Youssef, causa scomparsa improvvisa di quest'ultimo, ricomincia con Manuel per qualche mese, fino a scomparsa improvvisa. Sempre la stessa cerimonia. Il macellaio non vi offre forse un bicchiere e due chiacchiere amichevoli prima di servirvi la carne, e la fornaia non fa lo stesso con il pane? Il suo DVD o mezzo DVD, Perrin non ce l'ha mai senza pagare oltre che con i suoi soldi, con la sua persona. È costretto a iniziare una conversazione come se l'eroina non fosse l'unico motivo della sua venuta. Come se lo spacciatore (Manuel, Youssef e i precedenti) avesse una cattiva immagine di sé se si limitasse a uno scambio droga-denaro. Oppure la conversazione è un piccolo gesto commerciale fuori luogo, che allude al fatto che il drogato non è solo un cliente, un relitto, in fondo non costa niente ricordargli che è anche un essere umano. Stupida, indiscreta compassione.

Eppure, con Manuel tutto questo ha più senso. Possiede una dolcezza insolita nel suo mestiere. E il lavoro di Perrin, professore associato all'università di Tours con l'obbligo di presenza di soli due giorni consecutivi a settimana, sembra conferirgli un'opinione più alta del suo valore sociale. Condividono come se fossero gli unici le idee che l'umanità tutta condivide, in pratica che ci vorrebbe un mondo migliore. Spesso Céline, la compagna di Manuel, è lì con Sandra, la loro bimba di due o tre anni. In realtà, è per Céline che Manuel si preoccupa della sua posizione, perché non inizi a dire che Sandra subisce la situazione in cui vivono. Certo, c'è tutta una falsa amicizia nella conversazione, una connivenza ingiustificata, eppure da questa finzione scaturisce una realtà, nasce un legame speciale, fosse solo per la durata maggiore delle visite. In effetti, le poche volte in cui succede, Perrin tende a prendere le difese di Manuel contro Céline, perché in fondo la piccola sembra ricevere una buona educazione.

La vita familiare è fonte di gloria per Manuel. È commovente vedere com'è orgoglioso di provvedere ai bisogni di tutti, permettendo a Céline di riprendere i difficili studi di psicologia. Ha un lavoro poco burocratico ma con cui dà da mangiare a compagna e figlia. Come tutti i suoi colleghi, afferma di non consumare personalmente eroina (o poca), garanzia di onestà, anche se stranamente si direbbe il contrario, perennemente fatto com'è. La pesatura del grammo o mezzo grammo è una prova più per Perrin che per lui, poiché richiede una marea di precauzioni che, date le condizioni di Manuel, fanno perdere una quantità di tempo pazzesca. Perrin fa buon viso a cattivo gioco per evitare imbrogli, ma il grammo è un'unità astratta di cui non saprebbe determinare in anticipo il taglio, e infatti è raro che un grammo somigli a un altro, quand'anche fossero tutti rigorosamente pesati. «Forse questa ti sembrerà di meno, ma è roba buona». Tutto sommato Perrin preferisce quando gli consegnano la bustina già pronta così può iniziarla subito.

Da quando si fa di eroina, l'idea di smettere vaga sempre in qualche angolo della sua testa, angolo poco frequentato evidentemente. Se è facile, potrà farlo in qualsiasi momento; se è difficile, meglio aspettare il momento giusto. Anche la perdita di uno spacciatore e l'astinenza che ne deriva non costituiscono una buona occasione. Bisogna decidere da soli, sarebbe un attentato alla libertà personale vedersi imporre la data della propria liberazione.

Il tempo passato a casa di Manuel è anche un modo per questi di accreditare agli occhi e alle orecchie dei vicini l'idea che la gente vada semplicemente a fargli visita, che sia solo per amicizia che il suo appartamento è sempre così animato. Manuel abita al terzo piano, mentre gli spacciatori di solito scelgono il piano terra dove i viavai si notano di meno, ma lui ha una compagna e una figlia, ispira fiducia. Anche Perrin si presenta bene rispetto a una certa clientela, è un acquirente apprezzato. Una mattina (non poteva più aspettare), va da Manuel dopo una notte movimentata nel palazzo. C'è del sangue sul muro tra il secondo e il terzo piano, alcuni clienti hanno litigato, uno si è bucato nella tromba delle scale lasciando la siringa sul pianerottolo. Manuel gli dice che esagerano, che i drogati non si rendono conto dei rischi che lui corre per loro, che non conviene a nessuno mettere in pericolo la sua copertura. Manuel e Perrin sono uguali, credono al segreto, per convenienza e contro ogni apparenza. Ovvio che anche tutti gli altri devono sapersi regolare. L'eroina cambia la vita, è per questo che la prendono.

Se c'è una cosa che Manuel adora è il finto interesse di Perrin per gli studi di Cécile: è come se, per un attimo, portasse un professore dalla sua ragazza, e lei potesse trarre un beneficio intellettuale dal commercio da cui lui non ricava che un modesto profitto finanziario. In compenso, capita sempre più spesso che Cécile se la prenda con tutto ciò che fa Manuel, dove nasconde la roba, dove effettua la transazione, il fatto che merce e clienti qualunque si ritrovino a volte sotto gli occhi di Sandra - la sua idea di educazione è completamente diversa. E poi tutto questo la disturba nello studio. Perrin gestisce abilmente la situazione.

Finché Manuel è in libertà, non se ne parla nemmeno di immaginare che un giorno non lo sarà più. In genere, la perdita di uno spacciatore non è accompagnata da nessuna emozione in particolare, a parte quella, egoistica, riguardante l'eventuale astinenza futura causata da questa interruzione, se nessuno spacciatore di riserva è accessibile entro un breve periodo. È semplice: un giorno il numero di telefono risulta inesistente. Se il commercio fosse davvero libero, non ci sarebbe alcun inconveniente a essere drogati. Una volta, mentre Perrin difendeva in modo originale questa posizione davanti a un'amica, chiedendosi perché mai dovrebbe smettere di prendere eroina se gli piace tanto, lei gli risponde in modo inaspettato: «Perché rende meno gradevole la tua compagnia». Non ci aveva mai pensato. Ma in fondo non è che un'argomentazione, invece la droga è qualcosa di concreto. Per di più, l'eroina regala una dose di lucidità: ora vede facilmente la dipendenza nelle vite che lo circondano, dall'amore, dal sesso, dalla famiglia, dal lavoro, dalle convenzioni, e, forte di questa scoperta, la sua dipendenza da un vero stupefacente gli sembra cosa da niente, come un alcolista che passa le sue sbronze a fare il conto di cosa si scolano i suoi compagni di bevute. Perrin va fiero del fatto che la sua consapevolezza della realtà lo sbarazzi della realtà. Che resti al suo posto la realtà, che non si allarghi troppo.

Smettere è una fantasticheria come un'altra. È bello pensarci, con le vene piene, pensare a quanto sia dolce e facile la vita finché l'eroina scorre a fiotti. A ognuno la propria strategia per raggiungere questo fantasmatico obiettivo e il suo amico Charles gli racconta in dettaglio la sua: basta riuscire a fregare lo spacciatore, pagare sempre entro i termini e poi, un giorno, andarsene con la propria bustina, in tal caso più grande, promettendo di portare i soldi il giorno dopo e non presentarsi. Così i rapporti sono rotti e, volenti o nolenti, si è costretti a rispettare il buon proposito che ci si è posti. Charles si vanta di aver superato la prova ma, otto giorni dopo, Perrin lo ritrova più fatto che mai e palesemente non in astinenza. Lo spacciatore ha chiuso un occhio sul grammo rubacchiato, sul suo buon proposito, e, certo del proprio potere, se lo fa rimborsare con gli interessi sui grammi e i decagrammi successivi; piccoli incidenti di pagamento tipici della sua attività. Per farsi vivo, lo spacciatore non ha bisogno di essere derubato, alcuni si palesano anche quando ai clienti viene l'idea di disintossicarsi in modo onesto. La legge contro lo stalking dovrebbe estendersi a quelli la cui telefonata sgradita nel momento di massima disperazione si rivela in fondo gradita evitandoci di protrarre l'agonia. Che siano graziati anche loro.

Fregare lo spacciatore, Perrin non ci crede. Non rientra nella sua cultura. Piuttosto: farsi fregare dallo spacciatore. Come in una specie di *Viaggio del signor Perrichon* al contrario, non è forse lo spacciatore stesso che ha interesse a tagliare i ponti? Ecco trovato il metodo, Perrin non deve fare altro che applicarlo. Ma anche il coraggio, a volte, è soggetto all'astinenza, così come la coscienza può essere intossicata. O è il coraggio a essere intossicato?

L'eroina spinge Perrin alla compassione, ma mai per lo spacciatore di turno. L'inconsapevolezza è la cosa meglio condivisa al mondo. Lo spacciatore è la personificazione stessa della sottile distanza tra la gloria e la rovina: si invidia il suo immenso universo di grammi pur sapendo che lo condurrà in galera. Sarà triste per tutti quando questo momento arriverà per Manuel, allora è inutile rattristarsi in anticipo.

A una frase adulatrice di Perrin sul suo modo di praticare il mestiere, Manuel risponde:

«Di sicuro non avresti questo con l'arabo del quartiere».

Probabilmente li considera troppo commercianti (anche se, in linea di massima, patti chiari e dipendenza lunga), oppure lo dice solo per convincere Céline dell'utilità del suo lavoro visto l'impegno che ci mette. Col passare dei mesi, le relazioni di coppia si fanno tese. Ma l'osservazione di Manuel mette in imbarazzo Perrin che cerca di correggere il tiro senza tuttavia intaccare la loro falsa complicità:

«Non volevo dire questo».

«Non diventerai anche razzista adesso?» dice Céline appigliandosi a un nuovo argomento.

Sentendo salire la tensione, Sandra comincia a piangere.

«Cos'hai di meglio rispetto agli arabi?» aggiunge Céline afferrando Sandra da terra come per proteggerla da un padre minaccioso, ma in realtà intontito nella sua poltrona.

«Gli arabi?» dice Manuel, sconcertato che la concorrenza sia riassunta in questa parola.

«Scherzavo», dice Céline, tirandosi indietro per evitare di dover subire l'arbitraggio implicito di Perrin. «Ma rispetto a loro, che cosa hai di meglio rispetto a loro?» aggiunge, come se un semplice pronome potesse alludere a quella gente senza rischiare di essere scorretti.

«In realtà, prendo un grammo invece di mezzo», dice Perrin, che ha addosso un po' di contanti, per mettere fine alla conversazione soddisfacendo insieme la buona educazione e la sua ingordigia.

«Fatti una striscia mentre peso», dice Manuel.

Tanta generosità è inedita.

«Siccome è lui, passi pure, ma non fare il buono con tutti», dice Céline, contraria a che il padre dilapidi l'eredità di Sandra. Gli arabi, almeno, rispettano i loro figli.

Tolti i soldi, che cosa resterà alla povera piccola dal lato paterno?

La striscia sniffata in un attimo aiuta Perrin a sopportare comodamente la scena.

«Per caso ti serve una TV o un videoregistratore? O conosci qualcuno che ne ha bisogno?» gli chiede Manuel un altro giorno.

«Devi traslocare?» risponde Perrin da un altro pianeta.

Un'ansia improvvisa, non vorrebbe ritrovarsi a secco senza l'indirizzo del suo spacciatore.

«No no, così», dice Manuel.

«No», risponde Perrin. «Per ora sia la TV che il videoregistratore mi funzionano».

E comunque non comprerebbe mai in nero. La droga gli crea già troppi vincoli con l'illegalità.

Più tardi, tutt'a un tratto gli viene in mente che Manuel forse si è messo a fare il ricettatore. Per compassione premonitrice, Perrin è sempre favorevole alla riconversione dei suoi spacciatori. Ma non ora, non così. Fatto sta che le settimane passano e l'eroina c'è finché ci sono i soldi. Quello dello spacciatore è un mestiere che Perrin non farebbe mai, ma per fortuna c'è gente più spudorata di lui.

La prima cosa che Perrin si aspetta da uno spacciatore è che sia reperibile, l'onestà viene dopo - l'onestà è un lusso. Nel momento in cui ha assolutamente bisogno di Manuel, Perrin deve poterlo rintracciare. La qualità, la quantità, sono solo un optional; la dose, qui e ora, è necessaria. Bloccare un dolore è più urgente che far conoscere la sua ingiustizia. Ad ogni modo, essere drogato è essere fregato.

Un difetto di Manuel è di abitare lontano, ma nessuno ti regala nulla e il lungo tragitto in metro di Perrin è rallegrato, all'andata, dalla sicurezza della felicità a venire, al ritorno, dalla felicità avvenuta. Avere addosso la sua bustina nel vagone pieno di gente, sapere che una volta a casa potrà star bene tanto quanto desidera, nella massima discrezione, senza che nessuno pensi niente a parte la sua coscienza anestetizzata, wow. I borseggiatori gli sembrano i suoi peggiori nemici, occhio agli zingari. Perché non si mettono a spacciare quelli? Godrebbero di una migliore reputazione: non si sputa sui trafficanti se si sta sulla stessa barca.

Quando finisce sulla segreteria dello spacciatore, Manuel o chi per lui, Perrin non sa mai se il tipo (ha avuto a che fare con rifornitori di origini altrettanto varie come quelle dei calciatori: neri, bianchi, arabi, ma mai con una ragazza) è davvero impegnato o se l'assenza è definitiva. Se è vero che l'eroina lo allontana da alcuni vecchi amici, è altrettanto vero che gliene fa conoscere di nuovi, i quali sono molto ben informati: è così che viene a sapere dell'arresto di Manuel. Ha dunque dei nuovi amici provvisti di altri spacciatori e il collegamento è subito stabilito, nessuna latenza nella sua eterna latenza. Con Manuel aveva un rapporto privilegiato, ma pagando otterrà gli stessi privilegi con il nuovo, il quale per di più preferirà spostarsi, consegnandogli la merce direttamente a casa, vantaggio, questo, che allevia lo shock emozionale legato al destino del simpatico Manuel.

Tuttavia, quando viene a sapere come l'hanno preso, Perrin rimane sconvolto. Non contento di accatastare TV e videoregistratori rubati in cantina, Manuel si era messo a nascondere anche dei detonatori, affidatigli dal suo rifornitore, lo spacciatore appena un gradino sopra di lui. Così, oltre alle accuse come trafficante e ricettatore, è lecito rincarare la dose con quella di terrorista. Corre voce che Céline non sia poi così triste di essersene sbarazzata, che il suo arresto abbia anche dei risvolti positivi.

Anni dopo, Perrin scopre che in realtà Céline non

c'entrava niente e non aveva tutti i torti a voler proteggere sua figlia. All'epoca Manuel stava andando fuori di testa. Si era ritrovato a dover nascondere un cadavere che il suo superiore gli aveva messo sotto gli occhi quando era andato a rifornirsi, e aveva preso l'abitudine di chiedere ad alcuni dei suoi visitatori di spiegazzare le banconote false troppo nuove che maneggiava a mazzetti. Non si sa che fine abbia fatto, sicuramente è ancora in prigione, e lì nessuno dei suoi ex clienti ha un motivo per andare a trovarlo. Tutte queste storie finiscono male in genere, sono tutte storie di amore e di pornografia.

Senza di lei, Perrin non avrebbe mai avuto questa relazione con Lusiau. Non bisognerà dimenticare di annotarlo nell'altra colonna quando sentirà elencare gli inconvenienti dell'eroina. Difatti, è costretto a constatare che parecchia gente non si fa, che il problema con lei sussiste anche quando la schiva, che non si può riassumere l'eroina in calma, lusso, gioia e voluttà.

Durante un congresso ecumenico a Madrid (oltre agli universitari sono presenti giovani artisti di svariate discipline), un amico comune li fa conoscere facendogli scoprire ciò che già li unisce. A sera inoltrata, Lusiau, che è lì da due giorni e conosce già quel che occorre della città, dice di avere un piccolo servizio da sbrigare e propone a Perrin di accompagnarlo. Lui in realtà aveva deciso di passare il congresso in astinenza - non sale mai carico su un aereo per via dei controlli in aeroporto - ma un cambio di programma in questa direzione è allettante. Dato lo scopo della spedizione, si sente obbligato ad accettare il ruolo di accompagnatore, sarebbe un po' vile lasciare all'altro tutta l'incombenza del compito per condividere con lui solo le gioie dei risultati. Si recano sul posto con il motorino prestatogli da un partecipante spagnolo, Perrin odia questo mezzo, ma sale senza fare troppe storie e si stringe a Lusiau che è un bel ragazzo di dieci anni più giovane di lui. Il tragitto, tutto sommato, è più piacevole che in metropolitana e anche l'attraversamento di una cupa e interminabile galleria ha un che di divertente; giunti in fondo, avranno visto insieme la fine del tunnel.

Si fermano nei pressi della stazione. Qualunque sia la città, è raro che in questo luogo non si riesca a concludere questo genere di transazione. Siccome non parla spagnolo, Lusiau attacca bottone con dei marocchini. Perrin resta in disparte. «In disparte»: ecco, secondo lui, le parole che lo definiscono meglio. I suoi soldi, invece, sono pienamente coinvolti nella faccenda, e anche il suo naso e le sue vene non restano poi così in disparte dall'eroina. Con una punta d'ansia che smorza la calma apparente di Lusiau, Perrin lo vede estrarre il passaporto per mostrarlo agli spacciatori, come se questi fossero dei poliziotti in borghese apposta lì per adescare la preda. Ma tutto fila liscio, Lusiau gli spiega che anzi era lui a essere stato preso per uno sbirro dai marocchini e aveva dovuto dimostrare la sua nazionalità francese. «È tutto sotto controllo», dice Lusiau, come direbbe qualsiasi drogato non appena si trovi la sua dose a portata di vena. Adesso potrebbero anche attendere prima di saggiare il loro acquisto, l'attesa non sarà affatto pesante ora che sanno di poterla interrompere quando vogliono. Ma perché non farlo subito dato che ce l'hanno? Non hanno intenzione di fare troppo i difficili con lei: se bisogna godersi l'eroina, tanto vale godersela appieno. La vicinanza della stazione e dei bagni li aiuta a saziarsi alla svelta. C'è già intimità, è un'amicizia che comincia forte.

Naturalmente passano insieme tutto il giorno dopo e quello dopo ancora fino alla fine del congresso e poi a Parigi. Sono complici per davvero, loro, non come Manuel e Perrin, il denaro non inquina il loro rapporto. Vivono insieme l'eroina da cima a fondo, dalla ricerca all'assunzione, e spesso l'assunzione per intero, se non anche quelle successive. Lusiau è un promettente pittore e scultore, Perrin non ha visto nessuna delle sue tele o sculture, ma pazienza. Nemmeno Lusiau sa molto del lavoro di Perrin. Quando Lusiau gli fa finalmente vedere un catalogo, Perrin scopre un universo meno allegro di quanto lasciasse presagire la frequentazione dell'artista, ma tuttavia solido, denso, personale. Grazie al suo affetto e all'eroina, trova le parole per parlargliene.

Hanno preso il vezzo di chiamarsi per cognome, come due liceali che di certo non sono più, e questa abitudine persiste una volta tornati a Parigi. Al telefono, le prime parole sono immancabilmente «Ciao, sono Lusiau» o «Ciao, sono Perrin». Scoprono di abitare vicino. A parte i due giorni settimanali a Tours (senza considerare le vacanze e gli scioperi, dei prof, degli studenti o delle ferrovie), Perrin, che si è adoperato per ridurre al minimo gli obblighi burocratici, ha un bel po' di tempo libero, e ancor più Lusiau, padrone delle ore da passare dentro o fuori l'atelier, essendo l'ispirazione ovunque e da nessuna parte, e così si vedono molto. Insieme, hanno comunque la stessa libertà che avrebbero da soli. Infatti, senza considerare gli amici da cui è meglio stare alla larga, ci sono anche quelli che alla lunga potrebbero dirvi: «Non ti sembra che inizi a esagerare?» o «Non credi che forse faresti meglio a smettere per un po'?», immaginando che sia loro dovere di amici, che non si tratti di morale ma di amicizia. D'accordo, è plausibile, ma quando uno prende la roba deve quanto meno godersela, giungono sempre a questa conclusione. Loro due, insieme, sono al sicuro. Senza contare che l'umorismo e l'intelligenza dell'uno combaciano perfettamente con quelli dell'altro: Perrin e Lusiau sono due amici perfetti. Senza di lei, probabilmente non si sarebbero scambiati neanche due parole: tutto merito dell'eroina.

È pur vero che Lusiau è un bel ragazzo e che Perrin lo avrebbe comunque notato a prima vista. Anche qui, l'eroina può essere di grande aiuto. Lusiau infatti non nasconde la sua inclinazione per le donne e Perrin sembra non avere alcuna chance. Un giorno, tuttavia, parlando di una situazione simile, un amico gay gli ha detto che essere eterosessuale non è un destino, che la persuasione non è mai un'arma inutile, e la cosa ha convinto Perrin. Ma l'eroina non moltiplica né il desiderio sessuale né l'analisi rigorosa della propria esistenza. Il fatto che l'eterosessualità sia a volte una fatalità semplifica la vita. È più facile essere eleganti e distaccati e tenere a bada il desiderio se è soffocato dall'eroina.

Tuttavia, qualcosa è in atto tra di loro. Stupito forse del fatto che Perrin non prenda nessuna iniziativa, Lusiau in compenso si dà fin troppo da fare. Un pomeriggio, mentre sono nel suo atelier, gli spiega il rapporto particolare che c'è tra il pittore e il modello, gli dice che ha fatto posare nude diverse ragazze e che, il più delle volte, andava a finire nel migliore dei modi.

«È qualcosa di molto speciale, per la ragazza, ma anche per me», dice Lusiau. «Vedrai».

Ed ecco che si spoglia, assumendo una posa da discobolo greco per un eventuale scultore dell'antichità, offerto integralmente quanto meno alla vista.

«Cerca di continuare a parlarmi come se niente fosse. Fa strano anche a te, no?»

«È affascinante», dice Perrin non volendo né sputare nel piatto né fiondarsi sull'occasione, controllando che tutto rimanga calmo tra le gambe sia del voyeur che dell'esibizionista.

Ci voleva l'eroina per far spogliare Lusiau e, con l'eroina, il sesso è meno pregnante.

La settimana dopo, Lusiau gli regala una piccola opera fatta da lui, una rappresentazione realistica delle stesse dimensioni del suo pene in erezione, modellata dal vero appoggiando l'arnese sulla tela.

«Riuscitissima», dice Perrin utilizzando la stessa strategia adottata nella risposta precedente.

Questi episodi sono in fretta dimenticati. Eppure, situazioni del genere, di solito restano impresse. Perrin ha un ragazzo con il quale non abita e che è raramente a Parigi, ed è organizzato per vedere di tanto in tanto degli amanti. È già abbastanza complicato così sotto ogni punto di vista. Anche Lusiau ha una ragazza e abitano insieme. C'è spazio per la loro relazione ma non per il sesso. Per questo, hanno il tempo, l'opportunità, forse il desiderio, ma non di certo lo spazio. Ovvio che non vivranno mai insieme, loro due, quand'anche se la spassassero a letto: Perrin non lascerà mai il suo ragazzo né Lusiau la sua ragazza. La loro relazione cambierebbe spingendoli verso qualcosa di sconosciuto... E perché mettere il cazzo su un piedistallo quando l'eroina fa di tutto per riporre l'attività sessuale in secondo piano? Invece di predicare un'inaccessibile astinenza come unica prevenzione efficace contro l'Aids, il Vaticano farebbe meglio a promuovere l'eroinomania che rende tale astinenza accessibile. È il tipo di battute che immaginano quando sono insieme, complici come sono in fatto di sesso sebbene più a parole che a letto. Vanno avanti a parlarne per ore, come se non avessero altro da fare.

Per Lusiau l'arte è anche un mezzo di promozione sociale. È grazie al suo talento e alla sua volontà che è arrivato a Parigi, che è entrato in questo mondo di pittori e scultori in cui circola l'eroina. Là dove abitava prima si fumava e basta; nel bel mondo, invece, si è imbattuto in cose ben più costose. In seguito, quando dopo una fruttuosa mostra si comprerà una Maserati, dirà a Perrin che non gli è mai piaciuto distruggere le belle macchine, semplicemente voleva averne una anche lui. Per Lusiau, i cosiddetti segni di virilità sono importanti. Fa delle storie se non si sente abbastanza considerato al bar, per strada, al ristorante - beninteso, i suoi piedi sono destinati a restare immacolati, non lascerà mai che qualcuno li calpesti. Perrin è più un seguace della discrezione, ma la coppia funziona nonostante l'antinomia.

L'amico comune che li ha presentati a Madrid ha detto a Perrin che Lusiau praticava un genuino arrivismo, per niente gretto come il loro, ed è chiaro che c'è qualcosa di sano nella sua palese volontà di non accontentarsi della vita di merda per cui è stato educato. L'eroina è un importante granello in questo ingranaggio; non che Lusiau pensi di pagarsi una Maserati spacciando. La droga, però, è la prova che non rinuncerà a niente pur di riuscire, nemmeno alla droga stessa. È un segno di realizzazione, non si vorrà chiedere a un artista di censurare le proprie esperienze.

Quanto al suo principale segno di virilità, bisogna ammettere che l'eroina non lo esalta, eppure Lusiau resta della convinzione che non sia un prodotto per femminucce. La roba, anche in faccia te la scaraventano. Non tutti si arrischiano lì dentro, è un viaggio per avventurieri. È implicito, ma lui e Perrin sono d'accordo su questo punto, due esploratori impegnati nella stessa spedizione.

Questo aspetto di «grande scoperta» è tuttavia esclusivamente mentale e gli corrisponde un imborghesimento a livello pratico. Passano un sacco di tempo a bere ora dall'uno ora dall'altro o al bar. Cenano spesso da Lusiau dove Ninon, la sua ragazza, fa da mangiare e li lascia vivere come dei pascià, la cui unica attività è alzarsi per andare a pisciare o quanto meno fare finta per non lasciare a secco il naso. Fumano qualche canna, una scusa per essere drogati davanti a Ninon che non tollererebbe mai l'eroina. Lei non fuma ma è sempre in sintonia con loro, vederli ridere la fa ridere.

Ninon e Perrin vanno d'accordo. Lusiau, certo dell'omosessualità dell'amico, vede la loro intesa senza un briciolo di gelosia e, dal momento che non mette in discussione la sua virilità, se la fa andar bene come Ninon il loro hashish. Come con gli spacciatori, Perrin ha subito fatto buona impressione per via del suo aspetto pulito. Ci è abituato: quando ha cominciato a farsi di eroina era spesso in compagnia di un uomo più grande, Amani, la cui moglie, temendo anche lei questa cattiva abitudine, era sollevata nel sapere che il marito passava il tempo con lui. Detto altrimenti, sono secoli che simili malintesi gli evitano una serie di conflitti morali.

Anche a Perrin, Ninon risulta immediatamente simpatica. E uno dei motivi è che le attribuisce un'ottima influenza sul loro compagno comune. Difatti, a volte Perrin si preoccupa per Lusiau che è ancora giovane, non dovrebbe esagerare con la roba, lasciandosi risucchiare tutta l'energia. Quanto a sé, non spreca tempo ad affliggersi. Come se il suo fosse un caso diverso da quello di tutti gli altri eroinomani del mondo, a lui andrà bene, e preoccuparsi anche soltanto di uno dei suoi colleghi di roba è già una gran concessione ai predicatori dell'astinenza. Quando sono solo loro due, lo sfottò di questi proseliti della tolleranza zero è uno dei principali temi di conversazione. Il primo vero argomento contro la droga passa quasi sempre sotto silenzio nelle campagne di prevenzione, incentrate su pretese più umanitarie: fa diventare scialacquatori, si porta via tutti i risparmi. Perrin e Lusiau si beccano subito la spilorceria tipica degli eroinomani per cui il minimo granello di polvere rimasto sul tavolo ha lo stesso valore di una reliquia, benché adorato in modo meno solenne - sniffato seduta stante. Quanto all'altro argomento, di carattere più fisiologico, c'è ancor meno da vantarsi a parlarne. Spesso, per i ragazzi, è importante che il loro pene non serva solo ad urinare. E quando, strafatto, Perrin torna a casa di notte lasciando Lusiau e Ninon da soli in atteggiamenti amorosi, durante quel breve tragitto, teme a volte per il suo amico che anche le ragazze si aspettino dal sesso del loro compagno qualcos'altro oltre ai semplici schizzi sul pavimento del bagno.

Questa mattina, Perrin è nudo davanti a se stesso. Può stare tranquillo, nulla di grave: è appena uscito dalla doccia e nel bagno c'è uno specchio. Non può fare a meno di vedere il suo pene. È un organo a cui non pensa molto, negli ultimi tempi. Per non parlare del suo ano... L'eroina rende stitici a tal punto che il risveglio è l'unico momento della giornata in cui il suo intestino può passare oltre, pur restando un'operazione lenta, quasi dolorosa. O forse questo dolore può diventare piacevole senza essere masochisti? Non è nemmeno una questione di omosessualità, semplicemente di sessualità. I testicoli devono essere pieni da scoppiare, alla lunga. Perrin guarda il suo sesso, il tempo che gli ci vorrà per un'erezione è lo stesso che dovrà aspettare per la sua prima dose della giornata, o si dà una mossa o rinuncia, come ogni giorno. Come sarebbe complicato doversi preoccupare di tutto questo con dei partner. Strofinarsi con l'asciugamano non gli è di alcun aiuto, manca l'eccitazione. Si dà una mossa o rinuncia oggi? Si rimette a letto nudo facendo di masturbazione virtù: si proibisce la benché minima dose finché non sarà venuto. Ecco allora che diventa piacevole far durare le cose, lottando così contro il presunto dominio dell'eroina sulla sua esistenza. Non avere un'erezione o avercela a comando è resistere. Capisce bene che, secondo questa stessa logica, godere equivale a collaborare. Una volta espulso lo sperma, non c'è più niente che si opponga all'eroina. Non c'è più niente che l'eroina possa rovinare.

L'eroina lo riveste. Sbrigata la faccenda sessuale in anticipo per la giornata, si pulisce e la sua nudità non rischia più di creargli problemi. Da solo, non ha nulla da nascondere a nessuno, è a suo agio. In compagnia, c'è sempre il rischio di dover dare spiegazioni, di non poter prendere la sua dose nell'istante preciso in cui dovrebbe, di essere schiavo delle circostanze. La droga è un padrone migliore, da cui non bisogna temere sorprese. Ecco il vero abitudinario: l'eroinomane. Tutto ciò che chiede alla sua giornata è che sia uguale alla precedente, ricca della sua sostanza. L'amante sfrenato vola invece di scopata in scopata, e non è mai abbastanza nuovo per lui, mai abbastanza diverso. Perrin non ha più simili ambizioni giovanili. Può darsi che l'eroina sia un po' meno nuova, un po' più simile giorno dopo giorno, ma il piacere stesso non può essere sempre al top. Non tutti gli orgasmi lo sono del resto, si sa che le donne spesso... Ah, la delicatezza, l'affetto, la comodità, la finzione. La sua vita sessuale sarebbe più semplice se fosse meno sessuale, se gli uomini non avessero un orgasmo così verificabile.

Nudo davanti a se stesso: Perrin dovrebbe essere un pessimo eroinomane per restare a lungo così conciato.

L'eroina è un serpente che gli morde l'uccello; non c'è migliore afrodisiaco per l'impotenza. Lusiau lo chiama per raccontargli la sua disavventura della notte precedente. Rimorchia una ragazza a una festa e si accinge a passare ai fatti quando l'ospite gli offre una striscia. Accetta, immaginando che sia cocaina, come è tipico a queste feste. In realtà, sniffa una dose di eroina e va su tutte le furie, consapevole di ciò che succederà, cioè niente. Per un attimo si sente ridicolo in preda alla sua mollezza chimica prima di riuscire tuttavia a goderne, e quindi a sbarazzarsi della ragazza e della faccenda, con la sola debolezza del corpo e dell'incoscienza, non si ha bisogno di niente quando si è completamente fatti. «Tra la roba e il sesso, non sai mai che pesci pigliare», commenta Lusiau, più divertito nel raccontarlo di quanto non lo fosse dal vivo, «e lo sai come va a finire». Checché se ne dica, il sesso non può competere.

Per Perrin, la prima volta in cui ha messo insieme l'eroina e un flop risale a molto tempo fa. Aveva incontrato in un bar un ragazzo amico di amanti che gli piaceva molto. Stando a quel che si diceva, questo Florent era drogato marcio. Perrin lo rimorchia facendogli capire di essere ben fornito, e cioè fornito, nessun riferimento anatomico. Il ragazzo va con lui a casa. Perrin prepara due strisce e offre la prima a Florent, che l'educazione vada di pari passo con la generosità, che si sguazzi nell'eleganza. Ha appena finito di consumare che il ragazzo è già a torso nudo, consapevole del suo dovere. Poiché l'eroina accentua anche il senso morale, Perrin si prende la briga di puntualizzare che non è perché gli offre un po' di roba che l'altro è costretto ad andare a letto con lui anche se, per quel che gli riguarda, sarebbe felicissimo di farlo.

«Ok», dice Florent denudandosi del tutto con una rapidità che la sua mancanza di brio non lasciava presagire. Non è nella condizione di entrare nel gioco dei dinieghi, la roba lo stordisce a tal punto da dargli una certa lucidità: nel sentire «letto», ha semplicemente capito «letto», e la parola gli è sembrata inutile visto l'andazzo della serata.

Ben presto anche Perrin è nudo e iniziano a toccarsi sul letto. Per l'esattezza, Perrin tocca Florent che non mostra alcuna riserva, ma sembra essere già sazio al punto di non aver bisogno d'altro. Non ce l'ha duro, ma è come se questo non influenzasse la sua posizione sessuale. Quanto a Perrin, il problema è che dimostra la stessa incapacità. Si dimena sul corpo di Florent, sul suo stesso pene. A tratti, quasi ci riesce, ma mai abbastanza a lungo e dopo un po' preferisce rinunciare. Quando, senza un motivo, decide di annunciarlo al ragazzo, che probabilmente non l'avrebbe neanche notato, questi emette un misero gemito, quasi un lamento, come se a un tratto scopare fosse diventato un piacere. Ci prova anche lui, pur non avendo la minima chance di riuscirci, essendo il suo pene l'immagine stessa della mollezza e la passività il suo segno distintivo. Un penoso e prevedibile flop, dopo il quale smette di insistere, in pace con se stesso. Florent se ne infischia e a Perrin non resta che fingere di fare lo stesso. Ma se il ragazzo andava al bar per farsi offrire la roba, lui di certo non ci andava solo per dargli quella.

Il mese scorso - Perrin non ha diffuso l'aneddoto - gli è successo a Tours con un marchettaro, e nemmeno con l'inganno. Terminate le lezioni della giornata, si rompeva talmente ad aspettare quelle del giorno dopo che l'eroina non è bastata. Così si è dato alla caccia tariffata, quella in cui la preda sfugge solo dalle complicazioni. Sapeva di non essere nelle condizioni ideali ma tuttavia gli andava. Mentre si spogliava, a un tratto ha pensato che l'idea di prendersi quel genere di distrazione, in quelle circostanze, non era poi delle migliori, e questa lucidità non ha contribuito a rianimarlo. Nonostante il mucchio di smancerie destinate a cambiare la cosa, la cosa non è cambiata. Pensando che il ragazzo dovesse essere abituato a quel tipo di flop e non volendo dire, come fanno tutti: «Non so che succede, non mi capita mai», ha detto: «Mi dispiace. Forse ho esagerato con l'eroina, stasera», stando attendo a non dire «ero» come fanno i tossicodipendenti, i quali per la stessa contrazione diventano «i tossici», i drogati veri insomma, e quindi non lui. Era anche un modo per avvicinarsi al marchettaro, per instaurare un altro tipo di complicità, considerando com'è diffusa la roba in quell'ambiente. Un modo per far capire che l'eroina non rovina per forza la vita, che capita a gente molto per bene. Il marchettaro deve aver pensato che in ogni caso gli rovinava il sesso. Nella visione di Perrin, l'aver confessato la causa avrebbe dovuto attenuare la sua vergogna. Ma, in certi momenti, come dei flash, è anzi una doppia vergogna, aver rinunciato al sesso per comodità, l'ha deciso lui - è stata una sua scelta. Con quello che gli è costata quella marchetta mancata, avrebbe fatto meglio a pagarsi un quartino.

L'eroina non è abbastanza carnale, libera Perrin dal sesso. Ma chi vorrebbe esserne liberato? Chi ambisce a essere fuori uso? Alcuni uomini di una certa età si suicidano quando il loro biglietto raggiunge il limite di validità, ma Perrin ne conosce altri per cui la vecchiaia è fonte di serenità, la fine della sottomissione forzata ai diktat dello sperma. Tuttavia, gli ci vorrà ancora qualche decennio per conoscere organicamente questa alternativa. Per anni, ha fatto sesso il più possibile, la dipendenza gli è venuta prima della droga: quando si è abituati a scopare ogni sera, fosse anche solo da quindici giorni, l'astinenza è lampante se bisogna privarsene il sedicesimo. L'eroina allevia questa astinenza. E una volta che non ha scopato da quindici giorni, perché non continuare anche sedici, diciassette, diciotto? I vasi comunicanti sono più simili a dei pozzi senza fondo: se è per contrastare una faglia psicologica che fa ricorso all'eroina, si tratta semplicemente di operare un transfert dell'astinenza, che sarà più facile da colmare essendo lo spacciatore cento volte più affidabile dell'analista in termini di risultati immediati.

La prima volta che Perrin ha fatto l'amore sotto eroina, non la sua prima défaillance a letto, nessuno gli aveva detto che era sconsigliato. Era innamorato, era appena all'inizio della relazione, ed era stato interminabile. Gli ci volle una quantità di tempo pazzesca per tutto, eccetto per stare bene, fu pura felicità. Era talmente bello che non ha nemmeno pensato che l'amore c'entrasse qualcosa, era naturale come un paradiso artificiale e così palesemente reciproco che neanche per un attimo è riuscito a immaginare l'altro come un fastidio. La quantità di eroina nelle sue vene era esattamente quella giusta e non c'era bisogno di isolarsi per farla salire. E quando aveva raggiunto l'orgasmo nulla era cambiato, tutto era ancora perfetto e la droga non era un'urgenza. L'urgenza era di restare a contatto, di continuare ad amare, oltre l'orgasmo. Ne ha tratto delle conclusioni contraddittorie: che il sesso rende effimera l'eroina, che l'eroina migliora il sesso. La particolarità di questa scena è che non si è più riprodotta. È stato meno facile in seguito, essere a conoscenza dei rischi l'ha reso più suscettibile, il sesso ha smesso di migliorare l'eroina che rendeva effimero il sesso.

Un amico che si lamentava di avere un lavoro di merda ha concluso scherzando: «Sublimo la mia vita professionale nel sesso». Al che Perrin si è chiesto, solo per un attimo perché non è il genere di cose a cui pensare per sentirsi al meglio, che cosa sublimasse la sua vita eroinomane. Lui sublima la sua vita sessuale nella sua non-vita sessuale. Non sarà molto allettante così, da sentire o da leggere, ma nella pratica ha il suo fascino. Non c'è niente di meglio del non dover rimorchiare, del non cercare di sedurre, si è subito più rilassati. Si guadagna tempo ed energia. E Perrin ha questo pensiero fisso, guadagnare tempo, forse per averne di più da perdere. Iniettandosi la roba si inietta del tempo, particelle di tempo sottratte al tempo universale per alimentare il suo piccolo tempo personale. Fermare il tempo: un sogno tanto banale quanto irrealizzabile; lasciarlo scorrere secondo il proprio ritmo: ecco un'ambizione meno megalomane e di gran lunga più accessibile. È fiero di poter paragonare l'eroina a una gabbia chiusa a doppia mandata da cui non c'è rischio che il tempo fuoriesca. Ciò che lui chiama tempo non è più un concentrato di secondi e di minuti ma un liquido, un flusso, una perennità. L'eternità è una montagna di sabbia a nostra disposizione, un irraggiungibile castello di sabbia fatto di una preziosissima sostanza che nessuna marea può scalfire.

Si saprebbe, se l'astinenza fosse altrettanto violenta sul piano sessuale. L'eroina è una cosa seria, come la fame e la sete, non una faccenda che si risolve accarezzandosi il basso ventre.

Stasera, Perrin è nudo davanti a nessuno. Nella sua noia, più che un desiderio o un piacere, il sesso è un'idea. Si è spogliato per andare a dormire ma forse c'è di meglio da fare, dormire sarebbe rinunciare. Non si rialzerebbe nemmeno per una dose della buonanotte? Ma se sta in piedi altre due ore, una piccola ricompensa sarebbe legittima, no?

Il sesso è utile in simili circostanze. Certo, può scegliere di rivestirsi e andare in discoteca o alla ricerca di un marchettaro, ma significherebbe prendersi troppi fastidi, coronati dalla sua evidente incapacità. La masturbazione, di nuovo; niente sposa meglio il sesso e l'impotenza. Il cervello meriterebbe di essere un organo zampillante e l'eroina di sostituire a suo modo il Viagra. Quante volte ha rinunciato a una scopata che sarebbe servita solo a complicargli l'onanismo.

La cosa migliore è il fumo. All'inizio, se lo procura per un altro motivo: se mai arrivasse il momento in cui decide di smettere con l'eroina, sarà bene avere qualcosa che lo aiuti nei primi giorni così difficili dal punto di vista fisico. Nel frattempo, è avvenuto uno spostamento progressivo del piacere a favore dell'hashish: se non un vero e proprio afrodisiaco, ecco quanto meno un eccellente coadiuvante di scopate. E, prima di collegarsi alla rete telefonica, una cannetta renderà più vivaci quei minuti a venire. È solo a casa ma si prepara con il suo telefono come per un appuntamento galante. Sa bene che l'immagine potrebbe essere patetica se qualcuno lo vedesse, ma, ancora una volta, è solo in casa. Nudo e solo, si prepara la canna che dovrebbe aiutarlo non tanto a venire quanto a masturbarsi. Sarebbe uno spreco venire troppo in fretta, non saprebbe che farsene del suo tempo. Molto più saggio masturbarsi, tanto più che non ne ha voglia; non dovrebbe sfociare in niente, ulteriore tempo guadagnato. E se finisce bene, bingo.

La sua grammatica interiore lo fa familiarizzare con l'irrealtà del presente. Nell'anonimato, è chiunque, per sé come per gli altri. Al telefono, ha un'età qualunque, ama qualunque cosa. È così semplice, una fantasia, non c'è bisogno di prenderla su di sé fino in fondo quando non si mira a realizzarla, basta esprimerla a parole perché faccia il suo piccolo effetto. Perrin non inganna gli altri, anche loro al telefono, i quali sanno come regolarsi, tiene sulle spine soltanto se stesso. La sua infinita masturbazione mira giusto a dare consistenza al tempo. Nella sua testa, ha tutti i partner che vuole e tutti assecondano perfettamente le sue fantasie senza che lui debba comunicargliele, di loro spontanea volontà. Può fingere di essere sottomesso e al tempo stesso decidere di qualsiasi cosa. È lui a dirigere il tempo che gli scorre nelle vene. Il suo modo di essere vittima consiste nell'inscenare dall'inizio alla fine il suo presunto supplizio, un masochismo da maestri.

La sua casuale impotenza è un effetto collaterale dell'eroina. Un male? Prende la roba per non pensare a sproposito, per tagliarsi fuori dalla sua stessa esistenza, per evitare di averne un'idea deprimente, ed ecco che tutto ciò gli evita dei piaceri più comuni ma rinvigorenti, concedendogli delle fantasie inesauribili: la loro assurdità iniziale rende impossibile esaminarle tutte se non attraverso la ripetizione immaginaria, non devono essere la morale o l'intelligenza a provocarne il disgusto, ma solo ed esclusivamente la sazietà. Saziarsi: a che serve l'eroina se averne la giusta dose non basta a placare ogni altra fame?

Perrin è nudo davanti alla sua moquette. Non è necessariamente piacevole respirare così vicino al pavimento, ma pare che l'energia sessuale trascenda inconvenienti più grossi. Sdraiato a terra, può strofinare delicatamente il suo pene a mo' di una castrazione fisica messa in scena anche grazie a un'immaginazione straripante, straripata - la castrazione a forza di orgasmo masturbatorio, quella in cui la presenza dell'altro può limitarsi a una semplice voce. Può fare del male a chiunque senza farne a nessuno, dal momento che le parole attribuite alla sua fantasia evocano solo delitti immaginari a cui anche l'altro ha pieno interesse sessuale a credere. Anche se, all'altro capo del telefono, probabilmente non c'è un eroinomane. Ciò che eccita l'altro, che si limita ad ascoltare, gli sembra di una stravaganza tale da oscurare la sua.

Umiliazioni, torture, stupri, può immaginarsi di tutto e di più senza alcun pericolo; il pericolo è che anzi è costretto a farlo, ormai il suo pene avvizzito non uscirebbe più dal suo guscio per meno. Niente fumo, niente eccitazione. Niente eccitazione, una noia tale che nemmeno l'eroina farebbe la felicità. Niente fantasie folli, niente eccitazione, tanto è castratrice l'eroina nel senso più medicamentoso del termine. È una lotta: eliminare la sessualità tramite l'astinenza o l'eiaculazione. La seconda opzione gli sembra più accettabile, ma lo scopo rimane lo stesso: far sì che il sesso non interferisca più nella sua vita. Prosciugare tutto lo sperma per evitare a priori ogni problema, ogni azione.

Si vergognerebbe se le sue storie si venissero anche minimamente a sapere, eppure si adopera lui stesso a diffonderle, nell'anonimato telefonico. È perfetto se l'altro fa le domande giuste, interviene con le giuste esclamazioni, ma in realtà Perrin non ha bisogno delle sue frasi, solo della sua eccitazione - è questa, la loro intimità, un sospiro, un respiro, un continuo ansimare che rivela un ascolto appassionato.

Oggi, c'è inoltre un disgraziato contrattempo. Senza accorgersene, ha portato dalla strada, sotto la suola della scarpa, una gomma masticata che si è incollata un po' ovunque sulla moquette senza che lui se ne accorgesse, e così è solo quando la vecchia pasta mordicchiata gli si incrosta nei peli pubici che ne scopre l'esistenza. Impossibile toglierla con le dita a cui si appiccica. Niente da fare nemmeno con una doccia. Non gli resta che sfoltirsi il pube con le forbici, sacrificare i peli affinché la gomma segua il destino del bambino nell'acqua sporca. È costretto a completare l'opera con il rasoio, mandando a puttane la lama a causa della materia a cui si oppone. Dopodiché, deve ricominciare da capo tutto il processo di eccitazione prima di tornare a sdraiarsi sulla moquette, ma stavolta non in un punto qualsiasi (pulirà dopo, per stasera ha avuto la sua dose di igiene), e di riprendere con mano e orecchio il telefono.

I soldi che spende sono gli stessi che dovrà sottrarre dai suoi grammi, come con il marchettaro inviolato, ma non è forse saggio ridurre le sue spese di eroina? L'avarizia può essere un mezzo per combattere l'intossicazione. Ma no: i soldi per la roba li troverà sempre, solo la mancanza di un rifornitore può limitare significativamente il consumo.

Lusiau gli ha raccontato una tattica a cui è stato costretto una volta con Ninon. A quanto pare, l'eroina in casa è un motivo di rottura. Per farsi, non ha troppi problemi, in fondo anche in coppia ciascuno ha la sua dose di intimità. Ma a volte Ninon è circospetta ed è abbastanza navigata per fare dell'amore fisico un test. Attira a letto Lusiau, che non può avere l'emicrania tutti i giorni, tanto più che era decisamente esigente prima che il suo apparato genitale fosse relegato in secondo piano. A volte lui tenta, come Perrin, di farla finita sin dal mattino per assicurarsi una giornata tranquilla, in pieno relax, appagato sotto ogni aspetto, ma è la sera che la sua ragazza svolge la sua indagine. Così Lusiau ha trovato un modo per superare la prova con successo, e Perrin è felice che glielo sveli, che lo condivida con lui, segno, questo, di una relazione forte, di una fratellanza degli incapaci a cui l'eroina concede al tempo stesso la fratellanza e l'incapacità, un motivo in più per portarla alle stelle o metterla alla gogna. Lusiau dice di essere a lungo così tenero con le dita e con la lingua da soddisfare appieno la sua ragazza (fin qui, grosso modo, nulla di nuovo per Perrin) e che lui stesso, in previsione di quell'istante, si prende la briga di impastare e rimpastare in bocca un po' di saliva in modo da farla diventare il più pastosa possibile perché somigli sommariamente a una macchia che sparge con le dita sulle lenzuola dopo aver emesso i dovuti gemiti prima di sdraiarsi di nuovo accanto a Ninon ipocritamente sazio e riprendere infine i sensi dopo questo apice menzognero di eccitazione e godimento.

Ma Perrin è solo a casa, non serve a niente far finta di eiaculare.

Il vantaggio è che può fare l'amore all'infinito, visto che non lo fa. Gli dispiacerebbe venire troppo in fretta, sarebbe tempo sprecato, e sprofonderebbe di nuovo nella sua noia. Ad ogni modo, non è in grado di determinare l'istante in cui eiaculerà, già avere un'erezione è un'impresa, per di più di breve durata. Per facilitare la cosa, può però immaginarsi decine di esseri mutanti dai desideri più svariati, e in questo l'eroina è utile, l'immaginazione non subisce lo stesso crollo che subiscono la maggior parte delle altre funzioni. E quando finalmente eiacula è perché non ne può più, non che non riesca più a controllarsi, anzi, è perché la sua fantasia ha dato tutto, è adesso o mai più. Stufo di combattere, si affloscia nel suo orgasmo. Sulla sua pancia, lo sperma è appiccicoso come un rompicoglioni.

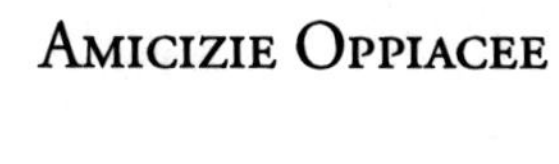

Amicizie Oppiacee

All'inizio, sono ottocento franchi il grammo e a Perrin sembra caro - ma non così tanto quando l'eroina gli scorre dentro. Comunque, limitarne il consumo è un'evidente misura di risparmio. Inoltre, sente talmente parlare dei pericoli della sostanza che non gli dispiace denunciare questa paranoia attraverso i fatti. Senza doversi limitare, la sua modesta bustina gli dura circa un mese. Ha instaurato una regola che soddisfa sia l'aspetto sociale che economico, la quale consiste nel non consumare mai da solo. Il suo amico Bruno è il suo complice prediletto, passano dei momenti eccezionali insieme senza che alcun imbarazzo sessuale, desiderio o distanza perturbi la loro intimità sempre migliore. È un piacere che si degusta come un buon vino, come ci si concede una pausa quando il lavoro della giornata è terminato, qualunque sia l'ora. E l'assoluta indipendenza di Bruno, che si ostina a conoscere l'eroina solo lontanamente nonostante la sua prima dose risalga a molti anni prima, è un argomento in più a sostegno della convinzione di Perrin che l'eccessiva pericolosità attribuita alla sostanza sia dovuta, in fondo, a motivi politici e sociali. Bruno, che è sempre al verde, sminuisce, precisando che non l'ha mai acquistata di persona, che tutta quella che ha assaggiato gli è stata offerta e che, in simili condizioni, non esserne dipendente non ha alcun valore di esempio per quelli che sono pronti a pagarla a qualunque prezzo. Ottocento franchi il grammo, nessun problema: Perrin non li sborserà spesso.

Pur essendo giovane come insegnante, è stato accolto bene dai suoi nuovi colleghi all'arrivo all'università di Tours. In particolare da Amani. Un tipo originale di circa vent'anni più grande di lui che si tiene in disparte dagli altri professori ma senza nessuna animosità né da una parte né dall'altra. Ha sempre la battuta pronta e nessuna ambizione gerarchica, il suo lavoro gli va bene così com'è, ovvio che la sua vera vita è altrove. Sicuramente accanto a sua moglie e a sua figlia di cui parla spesso. Amani gli svela alcuni trucchetti imparati sul campo per coinvolgere di più gli studenti ai corsi e con la stessa efficacia spiega a Perrin come fare per concentrare le ore di insegnamento in due giorni liberandosi il più possibile degli obblighi amministrativi. I due simpatizzano, passano diverso tempo insieme a Tours dove hanno entrambi due giorni e una notte di presenza settimanale, e poi anche a Parigi.

«Ti fai di eroina, vero?» dice una sera Amani, sempre gentile e sorridente, mentre sono seduti all'esterno di un caffè.

Perrin, così discreto, non capisce quale indizio possa aver lasciato trapelare, lui che più di tutto odierebbe che la cosa si venisse a sapere nel suo ambiente di lavoro, come però sembrerebbe, e risponde tuttavia in confidenza, giacché il tono interrogativo dell'altro gli è parso puramente cortese.

«Qualche volta. Come lo sai?»

«I tuoi occhi, le pupille. Il modo in cui ti gratti. E poi, credimi, io e lei siamo in intimità da un bel po', viene istintivo riconoscere i colleghi».

Amani gli offre una striscia. In altre occasioni, sarà Perrin a offrire. Non si scambieranno mai i numeri degli spacciatori ma, se necessario, ognuno acquisterà volentieri per l'altro.

Perrin è ancora nella sua fase di contegno: solo che ormai, oltre a Bruno, ha un nuovo compagno regolare con cui farsi, con il quale per di più lavora, quindi tengono entrambi alla discrezione. Unica differenza: anche Amani, come lui, è un acquirente, non ha la libertà squattrinata di Bruno. L'eroina, sono anni che ci è dentro. Ed è rassicurante, anche perché diventare come lui sembra un obiettivo piuttosto invidiabile, essendo Amani sempre disponibile e allegro per un eventuale interlocutore. Non è il tipo di persona che descrive l'eroina come un incubo, e infatti racconta a Perrin delle meravigliose avventure. Come quando, per esempio, in una fumeria di Kuala Lumpur, simile a quella in cui va Tintin nel *Loto blu*, gli hanno chiesto cosa intendesse fare uscendo dal posto. «Perché, a seconda che tu vada poi a passeggiare, mangiare, scopare o dormire, ti preparano la dose in maniera diversa». Sembra un piacere estremo, ma si tratta si oppio. Anche Perrin lo conosce, è anzi tramite l'oppio che è approdato all'eroina, poiché gli è piaciuto così tanto ed era così difficile procurarselo che ha ripiegato su qualcosa di più abbordabile. L'oppio è troppo raro a Parigi, non c'è verso di diventarne dipendenti.

L'eroina è un'altra cosa. Amani ha il vizio di disseminare la conversazione di risatine divertite senza che Perrin capisca se ride dei suoi stessi racconti o del fatto che li rivisita a modo suo. Le droghe, da un punto di vista sociologico, psicologico e letterario, sono un argomento dei corsi di Amani e così, col passare degli anni, le sue ricerche gli hanno permesso di entrare in contatto con un mucchio di ricercatori, psichiatri e persino poliziotti, tanto da diventare, sotto tutti i punti di vista, un esperto di sostanze proibite. «Ognuno ha le proprie idee su tutto, l'astinenza, la disintossicazione, perché ci si droga, ognuno ha la propria teoria più o meno scientifica senza essere sicuro di niente. Eccetto gli sbirri, loro di una cosa sono sicuri: chi ci è caduto una volta, ci ricadrà fino alla morte». E come al solito ride, o perché c'è gente che crede a cose del genere, o perché l'eroina lo accompagnerà dunque fino alla fine. Anche Perrin ride, per un motivo altrettanto vago, con la sicurezza di chi scherza col fuoco, ponendosi al di sopra delle convenzioni e di coloro che le rispettano. Ha la sensazione di tenersi alla larga sia dalla dipendenza sia dalla decadenza a essa associata, la sensazione che nessuno possa immaginare il suo debole seppur scoperto da Amani, e che, col passare dei mesi e presto anche degli anni, riuscirà a restare un semplice e illuminato amatore.

Lucien è il primo amico che Perrin introduce in questo nuovo universo. Si conoscono sin dall'infanzia e c'è tra loro una specie di competizione inconscia. All'inizio Perrin dà prova di un innocente proselitismo, raccontando a Lucien delle sue prime volte, dello stato in cui si ritrovava. Ovvio allora che anche l'altro voglia provare, assaporare questo piacere così raro e far sì che Perrin non sia il solo a inorgoglirsi del coraggio della trasgressione. Lucien inizia a sua volta e ha ben presto il suo spacciatore personale, che Perrin non creda di essere indispensabile. E, poiché il suo di spacciatore esce di scena prima di quello di Lucien, Perrin si rivela altrettanto rapidamente entusiasta di questa indipendenza. Infatti, data la frequente penuria di rifornitori, spesso condividono lo stesso, il che è pratico perché ognuno può essere il fattorino dell'altro quando cenano insieme, cene diventate particolarmente piacevoli, dunque Lucien, che intraprende qualsiasi cosa con il massimo rigore, non nutre molta simpatia per Amani, presentatogli da Perrin per uno scrupolo di amicizia e di estensione delle comuni fonti di rifornimento. Ritiene che il collega del suo amico sia poco serio, superficiale, che non prenda in considerazione l'aspetto rivoluzionario della sostanza e dello stile di vita che inocula, quando le priorità non sono più le stesse e la devozione al proprio superiore non è più la principale ragione di lavoro e di vita. Pazienza, Lucien e Amani non si vedranno più. Eppure, nei fatti, a Perrin sembra che sia Amani ad avere verso la Pubblica istruzione una disinvoltura tale - gli studenti sono tutti affascinati dai suoi corsi senza che lui si ammazzi a prepararli - che il capo non potrebbe certo rinfacciare a Lucien, il quale fa di tutto per affermarsi in uno studio legale. E se a volte Perrin ha la stessa visione politica di Lucien, ciò non significa che debba sentirsi obbligato ad accordare le sue intime convinzioni con le sue chiacchiere opportunistiche.

L'eroina affina ulteriormente la delicata generosità di Lucien che considera un'elegante vendetta offrire a Perrin le sue prime strisce di cocaina per ringraziarlo della scoperta dell'eroina. Lucien è diventato amico di una spacciatrice più grande, con un figlio già adolescente che bazzica nello stesso ambiente della madre, quello dei night, e lei conta su Lucien per tirarlo fuori dalla cattiva strada con più autorevolezza di quanta possa avercene lei stessa. La riceve spesso a casa sua per la serata, ossia per buona parte della notte, a volte insieme a Perrin, il quale vede il loro rapporto come l'esagerazione di quelli derivati dall'eroina, uno zoom permanente. Ora, tutto ciò che lo rende lucido lo ringalluzzisce per principio, anche se le sue scoperte dovrebbero suscitare una sensazione ben diversa, come se la convinzione della sua morte futura fosse il miglior motivo per essere di buon umore. Arriva però sempre il momento in cui, dopo averla amplificata, la coca riduce la lucidità, e queste restano dunque delle eccellenti serate.

Brenda passa quasi sempre alla fine, quando Lucien e Perrin hanno già un po' di eroina nel sangue per esser certi di sopportare meglio l'attesa. All'inizio è sempre allegra, il contrario nuocerebbe alla sua immagine. Appena arriva, tira fuori un triangolo di carta quattro volte più grande del loro e stende sul tavolo tre strisce di coca, anch'esse quattro volte più larghe di quelle che si fanno loro. Che delusione se venisse meno questa sua generosità che apre la serata su esaltanti basi amichevoli e commerciali. Giunto il momento, che entrambi hanno il tatto di cogliere al volo, acquistano un grammo ciascuno, è il minimo dell'educazione, o sarebbe come abusare di lei. In un attimo eccoli lanciati, sentendosi in dovere di condividere il loro acquisto con qualche striscia di cui non vergognarsi dopo quelle offerte da Brenda. Svuotate le loro bustine, lei propone un altro giro. E poi tocca di nuovo a loro, che hanno ben pensato di munirsi di contanti in previsione della bella serata.

Con la coca, persino il prudente Perrin non può farsi delle scorte, tanto la dipendenza è istantanea, sebbene più effimera. Non appena l'effetto comincia a svanire, subito ne vuole ancora, e quando l'effetto è del tutto svanito non vede l'ora di ritrovarlo, ma con l'eroina. In queste serate luciano-brendesche, l'effetto non fa che diminuire e aumentare e diminuire ancora e così via. È un susseguirsi continuo di astinenza e sazietà. Patrice, il figlio di Brenda, è un argomento fisso delle loro appassionate conversazioni. La loro amicizia è tale che Lucien e Perrin si prodigano per rassicurare la madre riguardo al figlio. In realtà, la loro situazione vista dagli occhi di lei è un vero toccasana.

Nulla infatti impedisce a Patrice di cavarsela altrettanto bene come loro. Entrambi hanno un lavoro normale, non passano tutto il tempo nei night come gli altri clienti di Brenda, sono la prova che la cocaina non conduce i «soldati semplici» all'inferno, ipotesi che la sua esperienza personale le impediva di rifiutare. La prima volta che hanno preso uno *speedball* davanti a lei, il famoso mix di eroina e coca, tale ingordigia non deve averle fatto piacere perché l'eroina è un'altra cosa ancora, ma loro hanno pensato di essere in una posizione abbastanza forte da far passare ai suoi occhi l'uso di entrambe le droghe con la stessa indifferenza, facendole credere che fosse possibile prenderle e restare delle persone rispettabili come loro.

Per delicatezza, Lucien sfodera mille e uno argomenti per giustificare il fatto che la madre non si preoccupa troppo per il figlio, e quanto più è alto il livello di cocaina nel sangue, tanto più riesce ad essere convincente, traboccante di immaginazione morale.

Il problema, nei rapporti con lo spacciatore, è che l'iniziale *gentlemen's agreement* si rivela in realtà un patto leonino. Ogni acquisto consenziente comporta un acquisto forzato a venire e questo è lampante con la cocaina: bisogna finire tutto ciò che si ha nell'arco della serata, perché è troppo difficile pensare a domani, e se c'è la possibilità di riprenderla, cosa fare se non fiondarcisi sopra? La difesa di Perrin in queste serate consiste nel contare i soldi che ha con sé prima di recarvisi: fa la sua compravendita in anticipo, decidendo davanti allo sportello del bancomat dopo quanti grammi tornare a casa, lasciando il più delle volte Lucien in compagnia di Brenda non del tutto paga di consolazione ma almeno rilassata riguardo allo smaltimento della sua merce.

Perrin non è così amico di Brenda, né così preoccupato per Patrice e nemmeno così amante della coca da andare pazzo per queste serate. Quando Paul gli chiede un po' di coca per semplificarsi la vita con un amante difficile, invece di chiederla lui stesso a Brenda, lo manda da Lucien.

*

Insieme a Bruno, Paul è l'altro suo migliore amico (con Lusiau, sarà un altro tipo d'intimità ancora). È l'unico dei suoi amici più stretti a cui, pur non avendo nulla a che fare con l'eroina, questa non crea esplicitamente dei problemi. Perrin non gli nasconde che ne fa uso e Paul non si intromette, come se la cosa non avesse importanza o non avesse nulla da ridire. Trascinato dai discorsi con Lucien, che ha sempre qualche teoria sui benefici dell'eroina per certa gente, per la loro indipendenza sociale di ribelli clandestini, Perrin, a volte, non sarebbe restio a presentarsi come il Lorenzaccio della situazione, pronto a scagliarsi contro coloro che si tengono alla larga dalla roba come da una felicità pericolosa o immorale: «Credi dunque che non abbia più orgoglio perché non ho più vergogna? Se c'è qualcosa che onori in me, tu che mi parli, è l'eroina che onori, forse proprio perché tu non la prenderesti». Non che Perrin si veda come tale, piuttosto gli sarebbe più sopportabile essere visto così. Tuttavia, l'argomento lorenzaccesco non ha alcun valore con Paul, poiché non è per un'ignominiosa virtù che lui non prende eroina, ma perché non ne vuole. Il mistero è: dio onnipotente, perché non ne vuole? Ed è insolubile, perché se è vero che Perrin ha delle appassionate conversazioni sull'eroina con Lucien, è altrettanto vero che ciò non accade mai con Paul. E parlarne è già una faccenda da eroinomani.

Perrin non dà molta importanza al suo abbigliamento, e un giorno Paul gli rimprovera di non badare più ai suoi vestiti, di non comprarsi più nulla di nuovo per tirchieria.

«E tu, invece, è per tirchieria che non compri eroina?», ribatte Perrin.

Ognuno ha i suoi piaceri che gli altri non hanno il diritto di giudicare e gli dà fastidio che Paul, spirito così indipendente, veda di buon grado le convenzioni quando si tratta di mettergliele contro. Il punto è che il riserbo di Paul non si applica a tutte le droghe in generale, ma all'eroina in particolare - e non è così malvisto. Perrin ha il sospetto che Paul non abbia lesinato sull'LSD prima di conoscerlo, e che abbia giusto raggiunto una sobrietà più consona alla sua età. Del resto, è a lui che Paul si rivolge quando ha bisogno di cocaina per attirare un amante complicato che, senza questo richiamo, tende a mantenere un'eccessiva distanza. L'eroina infatti ha abbattuto ogni barriera, e Paul ha capito che, se prima Perrin si teneva lontano da tutte le droghe per prudenza e spirito di legalità, ora all'improvviso non ha più nessun motivo per non provarle. Come non ha problemi con l'eroina, Paul non ne ha neanche con la coca: poiché non la acquista per sé ma per condividerla con il suo amante, non ha alcuna voglia di consumarla da solo, mostrandosi dunque di una saggezza inflessibile. Nemmeno Perrin è fissato con la coca: a volte gli fa uscire il sangue dal naso, rischiando di compromettere le assunzioni di eroina da questo orifizio, così se ne allontana senza difficoltà. Gli fa battere troppo forte il cuore, costringendolo a rincarare la dose di eroina per frenare le palpitazioni. È economicamente sconveniente prendere il veleno e poi l'antidoto per tornare al punto di partenza, anche se è affascinante vedere l'eroina come il suo mezzo di guarigione, quella stessa eroina che Paul non reclama mai, anche se è capitato che Perrin, le sere in cui li vedeva entrambi, la offrisse al complicato amante del suo migliore amico e così facendo la dava in fondo anche a lui.

Perrin e Paul non se lo sono mai detti, mai nessuno ha chiesto all'altro perché prende eroina o perché non ne prende: può darsi che ognuno tema che l'altro abbia un buon motivo.

*

Durante le vacanze, un amante newyorkese ha fatto scoprire a Perrin una nuova droga. Pare che all'origine fosse una semplice molecola usata in ambito medico per riavvicinare le vecchie coppie. L'effetto è quello di una specie di LSD sessuale, ogni zona del corpo diventa fortemente erogena e il sesso va avanti per ore senza che sia favorita l'eiaculazione ma in un susseguirsi inedito di istanti meravigliosi, come se a un tratto fossero la norma - l'evidenza di vivere dei momenti privilegiati sprizza da tutti i pori. Non si parla di assuefazione né di effetti secondari a parte la stanchezza una volta svaniti gli effetti dell'assunzione stessa. A Perrin sembra che racchiuda il meglio della droga, tutti i vantaggi e nessun inconveniente. Il suo amante gli dice che si chiama MDMA, nome con cui si chiamerà anche l'ecstasy in Europa, ma solo dopo una trasformazione chimica che ne smusserà il carattere fortemente sessuale.

Al termine della sua esperienza, Perrin ha voglia di farla vivere alle persone che ama, anche loro devono conoscere almeno una volta insieme ai loro amanti, uomini o donne che siano, questa maniera totalmente nuova di fare l'amore a cui altrimenti, nonostante il loro eventuale amore e desiderio, non avranno mai accesso. A seconda dei momenti e delle sostanze, la droga accentua tanto la generosità quanto l'egoismo. Gli viene dunque l'idea di portarsene un po' in Francia. Mentre il suo amante fa un ordine consistente, Perrin si limita a comprare un grosso flacone di capsule di vitamine nel primo drugstore che trova. Dopodiché, quando il suo amante riceve la merce, si ritrovano tutti e due seduti davanti a un grande tavolo nell'appartamentino newyorkese in cui hanno trascorso ore e ore senza allontanarsi di oltre tre centimetri l'uno dall'altro con loro immenso piacere reciproco. Hanno rovesciato tutto il contenuto delle cinquanta capsule di MDMA (ossia venticinque assunzioni, poiché non avrebbe senso mandarle giù da soli e Perrin ha intenzione di regalarle solo a coppie), sul tavolo dove inizia a crearsi una bella collinetta. Hanno svuotato nel lavandino le capsule di vitamine e ora si adoperano a riempire le capsule vuote di MDMA per passare la dogana senza problemi. Essendo per lui una nuova droga, Perrin immagina che sia anche impossibile da trovare: non si addestreranno certo i cani a fiutare qualcosa che non esiste - e quand'anche i doganieri la trovassero, che se ne farebbero di una polvere che non né eroina né cocaina?

Perrin ha un bel considerare questa ecstasy come la droga delle droghe, tanto che non sarebbe neanche tale, eppure c'è qualcosa che lo disturba in questo ammonticchiamento di materia proibita unito alla meticolosità che richiede l'operazione di riempimento delle capsule. Comunque sia, darsi tanto da fare è già un investimento da drogati, così come correre il rischio dei controlli alle frontiere, anche se lui fa di tutto per minimizzarlo.

Tornato a Parigi, dunque, diffonde a due a due la sua nuova scoperta tra tutti i suoi amici, vantandola a tal punto che sono tutti impazienti di provarla. Nessuno resta deluso, e in particolare Paul. Anche con lui, Perrin ha fatto una pubblicità così efficace del prodotto che il suo amico ha vinto ogni pregiudizio, vedendovi un modo per semplificare almeno per qualche ora la relazione con il suo innamorato troppo distante, attirandolo senza remissione. E quando Paul lo ringrazia per la magica serata, Perrin, che è sempre a caccia di elementi per risollevare la reputazione delle droghe, ha il dubbio che qualche amico della Sanità pubblica possa vedere una specie di prostituzione in quella fase della relazione tra Paul e il suo difficile innamorato. Ma la prostituzione si basa sulla diversità di interessi di chi partecipa all'atto sessuale: il godimento per l'uno, il rendimento finanziario per l'altro. Invece, nel caso specifico, l'unico beneficio che trae l'amante complicato dal fare l'amore con Paul è che gli risulta straordinariamente piacevole. Non è prostituzione, ma la più nobile delle comunioni. È l'amore stesso, una prostituzione in cui marchettaro e cliente condividono lo stesso interesse, trovando entrambi la stessa felicità.

*

Lucien passa da lui a prendere altre due compresse magiche un pomeriggio in cui Perrin si ritrova a nascondere già una vasta gamma di sostanze. Eroina, cocaina, sono piuttosto lanciati quando Lucien gli chiede se ha mai provato l'ecstasy insieme a un'altra droga. No, l'idea è allettante, per un attimo. Il che significa che hanno appena ingurgitato la loro capsula gelatinosa quando Perrin si chiede se sia stata poi così appetitosa come iniziativa. Se non hanno mai fatto l'amore insieme per tutti questi decenni, va da sé che in fondo non muoiono dalla voglia di farlo. D'altronde, il problema nemmeno si pone, tanto per cominciare. Non fanno che parlare, stare insieme, e gli basta per stare bene. Poi, a Perrin non basta più.

Il sesso è talmente legato all'ecstasy che c'è qualcosa d'inadeguato nel non approfittarne. È mosso da un desiderio psicologico più che fisico: gli viene in mente che sono anni che Lucien vuole fare l'amore con lui, non se n'era mai accorto, ma ora che l'erotismo impregna tutta la stanza è impossibile non notarlo. Se ne sta sdraiato sul divano perché è questa la migliore posizione con tutto quello che gli scorre nel sangue, e, a un tratto, fa un piccolo gesto per invitare Lucien a raggiungerlo. Non ha realmente voglia di fare l'amore con lui ma così, almeno, sarà fatto. Infatti Perrin è convinto che sia questo l'atto mancante perché la loro amicizia passi a uno stadio superiore, uno stadio che non ha ancora raggiunto nonostante tutti questi decenni di vicinanza, tutti questi anni di unione eroinomane. Considera talmente tanto la droga come un coadiuvante affettivo che gli sembra naturale approfittare appieno di ogni apertura. Eppure, l'idea di baciare quel viso, di toccare quel corpo, di raggiungere quelle parti nascoste, non gli è così gradevole.

Il problema non si pone. Lucien risponde con orgoglio al gesto incitatore di Perrin. Il suo è un «Cosa?» troppo secco, uno sguardo troppo cupo, in cui Perrin non vede altro che amor proprio, come se avesse intrapreso così male la faccenda con il suo gesto troppo disinvolto che quel rifiuto non dicesse nulla del desiderio o non-desiderio dell'altro. Nonostante il suo orgoglio intaccato dalla vicenda, Perrin è piuttosto sollevato, in realtà è meno a disagio per quel no sgarbato di quanto lo sarebbe stato per un sì entusiasta, il sesso disincarnato non è più il suo forte. Solo, non sarà la sua migliore esperienza con l'ecstasy: non avrebbe mai dovuto prenderla con Lucien né far degenerare così la situazione. Nella sua sessualità con l'eroina, si chiede a volte se l'umiliazione sia una fantasia naturale o un effetto dell'incapacità. Ci sono forse delle alternative al masochismo quando è nel clou della sua intossicazione volontaria? Sarebbe un falso masochismo porsi tali domande quando è sotto l'effetto della roba (e lui è sempre sotto l'effetto della sua presenza o della sua assenza). Se si fa di eroina è per non angosciarsi, allora non vorrà angosciarsi in sua presenza. Ma lì, gli effetti dell'eroina erano impercettibili, sommersi da quelli dell'ecstasy. Lì, è andato alla ricerca dell'umiliazione che avrebbe suscitato qualsiasi risposta di Lucien, ha creato dal niente una situazione spiacevole. E in modo così grossolano. Come se il sesso fosse una cosa astratta e, in simili condizioni, sbarazzarsene fosse un'impresa che richiede sofisticate conoscenze teoriche.

Col suo modo brutale, Paul gli racconterà come sono andate le cose quando voleva della coca e Perrin non gliel'ha procurata. Così ha chiesto a Lucien. Ora, questi è innamorato di Paul, come viene a sapere Perrin dal suo racconto. «Fisicamente mi disgusta», aggiunge Paul, esprimendo in poche parole la sua non reciprocità. Ma Lucien è felice di qualsiasi cosa lo metta in contatto con Paul, soprattutto se si tratta di fargli un piacere che Paul non sarà certo tenuto a ricambiare - anche l'amore accentua il senso morale - ma che sarà tuttavia ricambiato. D'altronde, per i suoi ordini successivi, Paul si rivolgerà direttamente a Lucien. Non si fa scrupoli ad avanzare la sua richiesta per ottenere la sostanza che gli permetterà di spassarsela con il suo vero innamorato. Vede Lucien come un amico, non come uno spacciatore e soprattutto non come un possibile amante. Essergli riconoscente nel suo intimo basta e avanza, senza una parola o un'azione di troppo. Lucien, invece, è fiero di poter aiutare Paul; così, non lo ama inutilmente. E Perrin ha l'impressione che la vicenda amorosa di Paul abbia a che vedere con la sua, come se Lucien, per una ragione o per il suo opposto, fosse qualcuno con cui nulla è possibile - e né l'eroina né la cocaina o l'ecstasy cambierebbero qualcosa, come se nessuna droga potesse intaccare la personalità fondamentale di un individuo, il che è confortante e deludente al tempo stesso.

*

A poco a poco la relazione, o lo stesso Lucien, va a rotoli. Dei dettagli, all'inizio: è sempre più fissato, sempre più nervoso quando viene contrariata anche la sua minima ossessione (non poggiare il bicchiere sul legno immacolato della sua scrivania come uno sfacciato, non camminare sul tappeto con le scarpe che vengono dalla strada come uno schifoso, non aprire un libro rompendone la costola come un macellaio). Meno si controlla e più controlla gli altri. Un giorno, mentre Lucien teorizza i benefici dell'eroina con un ragionamento intossicato dalla sostanza, Perrin gli chiede se non sarebbe meglio interrompere per un po' il consumo, le stesse parole che lo esasperano quando le dicono a lui. Ha l'impressione che non sia la stessa cosa quando il consiglio proviene da una persona sana che parla dall'alto della sua salute e quando invece proviene da un consumatore. Ma nonostante le finezze a cui abitua l'eroina, Lucien non sembra cogliere la differenza. Va su tutte le furie, manda al diavolo Perrin che accetta il rimprovero con indifferenza, un po' come a dire che in fondo era giustificato, evitando così di doversi preoccupare per sé, essendo il problema di Lucien ben più grave ai suoi occhi.

Eppure sanno bene che devono fare qualcosa, che non devono lasciarsi inghiottire da ciò che inghiottiscono. All'occorrenza, decidono di smettere per qualche giorno, una settimana, tanto per provare a se stessi che non è un compito impossibile. Ora, se Perrin riesce a resistere senza grossi inconvenienti - è già tanto - a parte una cattiva condizione fisica e un totale malessere psicologico, Lucien ha una reazione fisiologica che lo fa vomitare a iosa, impedendogli di svolgere qualsiasi attività professionale. Chiama dunque in aiuto il suo amico per farsi rifornire, non potendo andare di persona, il che da una parte irrita Perrin i cui sforzi sono così contrastati (non vorrà disturbarsi senza comprare nulla per sé) e dall'altra lo consola per lo stesso motivo, in quanto giustifica l'interruzione di questa sua breve esperienza di astinenza. Del resto, è andata più volte a buon fine quando, invitato a dei convegni all'estero, è partito senza munizioni. Lì per lì non deve essere molto cordiale, ma torna più pimpante. Ci sarebbero mille motivi per non ricascarci, ma la sua capacità di smettere è anch'essa un motivo per ricominciare: il suo problema con l'eroina è che non può fermarsi una volta che ha cominciato. Ma se può farlo, perché non ricominciare? A che serve smettere, se ne è capace? E se invece non lo è, allora è costretto a continuare, è lapalissiano.

Il denaro sancisce il loro allontanamento. Perrin, superati i concorsi, ha subito trovato un lavoro ed è il più ricco tra i suoi amici coetanei. A parte Lucien, l'unico a venire da una famiglia più benestante della sua e ad aver trovato un lavoro meglio retribuito prima di lui. Perciò

Perrin è disorientato quando l'altro gli dice di aver bisogno di soldi. Accoglie la sua richiesta, ma stavolta dentro di sé pensa che un prestito è un prestito, non un anticipo a fondo perduto come con gli altri suoi amici. Vede una sola spiegazione alle spese eccessive di Lucien, l'eroina, e questo non gli piace. Perché non è bello vedere affondare un amico, e perché non è bello che ci spiani la strada. I mesi passano e del denaro non se ne parla più, così che un giorno Perrin ritiene doveroso ricordarglielo perché non vi siano malintesi. La risposta di Lucien è volutamente sferzante per punirlo di essersi abbassato a un simile reclamo: «Ho prestato dei soldi a degli amici, certo non una somma così importante come quella che mi hai anticipato tu, ma mai e poi mai mi verrebbe in mente di esigere un rimborso». Perrin, che non esige niente, è sbalordito. Naturalmente il suo amico dice così solo perché pone l'amicizia al primo posto, per l'amicizia questo è il minimo. Tuttavia gli appare chiaro che se a circolare sono solo i suoi di soldi, la generosità di Lucien è meno lampante, ed è sorpreso che il suo finissimo amico non se ne renda conto.

Perrin è a conoscenza dei pettegolezzi che corrono sull'eroina tra chi non ne sa niente, le bassezze, la delinquenza a cui condurrebbe. Ma lui, da iniziato qual è, sa invece che la roba affina al massimo le percezioni sentimentali e morali. Gli dà fastidio che gli altri credano di conoscere il destino di chi la prende, quando esiste un'inalienabile individualità del consumatore: così come uno scrittore scrive il suo libro tra tutti i libri, l'eroinomane traccia la sua caduta tra tutte le cadute e alcune conducono a delle vette. Ma l'immaginazione è una cosa e la realtà del comportamento un'altra, e Perrin sembra constatarlo per la prima volta, come se non avesse mai guardato la televisione né sentito parlare della minima aggressione, come se si rendesse conto solo oggi che l'eroina può essere pericolosa. Ad un tratto, tutto ciò che sembra avvicinare Lucien alla decadenza lo angoscia come se fosse lui ad avvicinarvisi. Sebbene la decadenza abbia senz'altro il suo fascino di cui l'eroina stuzzica la curiosità, preferirebbe essere meno informato - così come non ti conviene affatto cercare di sapere per chi suona la campana, poiché suona per te.

L'eroina è prodiga di queste coincidenze: proprio quando la sua relazione con Lucien si spegne, Perrin incontra un nuovo amico per cui la roba non ha segreti. Ben presto, entra in intimità con Charles e la sua ragazza Anna. È la prima volta che ha un amico della sua età che ci è dentro fino al collo e che si buca da anni senza doversi nascondere dalla sua compagna, essendo la droga parte integrante del loro legame. Spesso resta per ore a casa loro quando va a ritirare la merce. Si instaura una grande intimità tra tutti e tre senza che svelino granché della loro vita, per avvicinarli basta la loro presenza comune in quello stato. Del resto, a parte la roba che a poco a poco li sta mangiucchiando, le loro vite non traboccano di avventure emozionanti. L'eroina è di per sé un'intimità. È evidente che è l'unico figlio che Anna e Charles avranno insieme.

Allora è già da un po' che Perrin cerca di risparmiare non condividendo più la droga necessariamente con Bruno, prendendo la sua dose da solo sin dal primo pomeriggio o non offrendola più quando il suo amico va da lui a cena. Riguardo a quest'ultimo punto, essere più generosi significherebbe denunciarsi, mostrare che si è passati a un ritmo superiore, che ci si droga continuamente senza badare al prezzo. E difatti Perrin si droga continuamente, a qualsiasi ora, finché ce n'è, siccome gli resta sempre questo da fare quando non ha niente da fare e spesso non ha niente di meglio da fare se seleziona le attività in base al piacere che gli procurano. L'eroina è una buona ragione per alzarsi al mattino.

Spesso, inoltre, Charles è solo nel suo piccolo bilocale quando Perrin va a prendere la sua bustina. Il suo amico non guadagna molto, qualche rara supplenza nelle scuole medie che Perrin si chiede come riesca a svolgere. A volte, se ne sta seduto di fronte a Charles senza aprire bocca e l'altro è così immobile che capita a Perrin di vedere la sua sigaretta consumarsi del tutto senza lasciar cadere un briciolo di cenere, resta solo il filtro con tutta la cenere attaccata, non sapeva che fosse possibile. Quando è solo a casa, anche a Perrin capita di non staccarsi minimamente dalla sedia o dal letto, o al contrario, di camminare in lungo e in largo, la mente viva, piena di prospettive entusiasmanti che non metterà in atto. A volte teme di irritare gli inquilini del piano di sotto, ma anni dopo la sua vicina gli dirà che la rassicurava così tanto sentire quei passi per tutto il periodo in cui era incinta, lontana dal marito costretto in ufficio ogni pomeriggio, per lei era una presenza protettrice. Un altro punto a favore dell'eroina.

Perrin non si chiede dove trovino i fondi per rifornirsi Charles e Anna, qualsiasi affare con loro diventerà insopportabile se inizia a non fidarsi più. Si limita a supporre che l'aggiunta del suo ordine possa aiutarli ad avere un trattamento migliore, buon per loro. I soldi sono un argomento su cui è meglio non indagare troppo, un pudore per qualsiasi eroinomane. Con gli spacciatori, ok, è consentita la messinscena della propria povertà o ricchezza reale o presunta, ma, tra praticanti, ammettere di dimenarsi tra i debiti sarebbe come confessare di essere caduti dal lato sbagliato della roba, informare troppo dettagliatamente gli amici sulla propria situazione finanziaria significherebbe perderli. Lucien ha potuto farlo solo perché era il proprietario del suo bell'appartamento, non rischiava mica il fallimento lui, e comunque è andata male lo stesso. Tra amici, i problemi finanziari dell'uno annunciano i problemi finanziari dell'altro. È un baratro in cui chi non è caduto cadrà, un brutto spettacolo da tenere sempre a mente per avere una ragione supplementare per smettere o da cancellare per sempre dalla memoria per restare serenamente dipendenti.

Perrin è un consumatore regolare, in diversi sensi del termine. La prende ogni giorno ma ha una specie di budget inconscio che si sforza di non superare per non mettere a repentaglio il suo stile di vita, limitandosi in alcuni giorni per darsi alla pazza gioia in altri, senza passare, nei limiti del possibile, dalla casella astinenza. Riesce a tenersi sempre qualcosa di riserva, per non essere colto di sorpresa nel caso in cui lo spacciatore dovesse risultare irreperibile o a secco. Tenta di mantenere una tossicomania borghese in cui l'eroina non gli impedisca di conservare la posizione che ha nel suo ambiente. Un giorno chiede a Bruno come ha fatto a non caderci dentro e il suo amico gli risponde che sono stati i soldi a impedirglielo, che non poteva permettersi di essere un tossicomane.

«Ma avresti potuto spacciare, rubare, come fanno tutti, no?»

«Non me la sono mai sentita di fare questo passo».

Quanto a sé, Perrin preferisce non affrontare il problema.

Fatto sta che ha sempre la sua piccola scorta a casa e Charles lo sa così bene che capita che lui e Anna vadano da Perrin quando finiscono la loro. Una volta si presentano in tre, insieme a un nuovo amico, per un pronto intervento generalizzato, e Perrin è lieto di poter far fronte alla loro richiesta, sfoggiando le sue qualità di pianificatore generoso. È felice della sorpresa dell'amico alla vista di quella manna insperata. Rifiuta di farsi pagare per questo favore perché crede che offrire qualche decimo di grammo gli costi meno della dilapidazione di tutte le sue scorte per cui non basterebbe qualche banconota a coprirne il costo, e che, pur essendo meno generoso di quanto sembri, queste sottigliezze siano più che sufficienti con chi si accontenta di non pagare. Dà senza aspettarsi nulla in cambio quando sarà il momento - è un tratto del suo carattere che non sopporta. Tuttavia gli piace essere un eroinomane diverso dagli altri, segno, questo, che non deve piacergli troppo essere un eroinomane.

Charles lo coinvolge in un affare. Un amico di Perrin ha un furgoncino e, per fare lui stesso un piacere a un amico, va a prendere da un antiquario di Rotterdam dei mobili già pagati per poterli così trasportare a un prezzo non troppo elevato. L'amico gli ha proposto di accompagnarlo e Perrin ha accettato volentieri poiché un viaggio nei Paesi Bassi non si disdegna mai, la droga è meno bistrattata laggiù.

Perrin ne parla a Charles, che gli dice di avere un indirizzo e un numero di telefono a Rotterdam, uno spacciatore che non si accontenta di lavorare con l'erba e con il fumo. Una volta caricati i mobili, Perrin e il suo amico fremono per andare all'appuntamento illegale. Il tipo non è né simpatico né antipatico, è una semplice transazione come con l'antiquario e i due acquirenti passano poi la notte in un albergo di Amsterdam che lasciano l'indomani per tornare a Parigi. Erano in una condizione tale da rendere la serata molto piacevole e hanno ancora qualcosa per non annoiarsi durante il viaggio di ritorno. Li preoccupa di più la dogana volante.

È la prima volta che Perrin affronta una prova del genere. Le sua piccola riserva personale crescerà considerevolmente se la merce giunge senza intoppi fino a casa sua. Ma ciò sarà possibile solo se è nascosta, in caso di controlli. Allora fa la cosa che, a quel che si dice, fanno tutti. Riempie un preservativo di eroina e cocaina - siccome ha preso anche quella, era tutto così semplice che privarsene sarebbe stato un peccato -, gli fa un nodo e se lo infila su per l'ano. Articoli di giornale, film e romanzi lo hanno abituato a questo modo di fare ma in genere i personaggi che agiscono così sono dei drogati, dei corrieri o dei trafficanti. Il suo esatto contrario, direbbe lui.

Come con l'ecstasy newyorchese, si ritrova in possesso di un'assurda quantità di sostanze. Non riesce a credere che lo prenderanno dato che non è un trafficante, ma si rende conto del problema se ciò dovesse accadere, soprattutto con quelle sostanze che tutti i doganieri del mondo cercano per prime. I rischi sono pochi con simili precauzioni, ma saranno guai seri se la cosa va storta. Non bisogna essere un po' drogati per trasportare addosso tanta droga? Quella che ha tra le chiappe supera il suo consumo personale.

Il viaggio è allegro grazie all'eroina e alla cocaina consumate e tuttavia ansiogeno a causa della roba messa da parte. Tutto fila liscio per Perrin che si ritrova ben presto nel bagno di casa sua a recuperare il più accuratamente possibile le sue preziose sostanze. È sollevato come dopo una bella scopata.

Un mese dopo, avendo esaurito le scorte prima del previsto - perché moderarsi se non ce n'è motivo? - Charles gli fa notare che non ha ricevuto nulla in cambio dell'indirizzo a Rotterdam. «È buona usanza nell'ambiente dare due grammi per dieci grammi, tanto più a un amico». Perrin, dispiaciuto, afferma di non conoscere né l'ambiente né le sue usanze, di pentirsi di non aver ceduto nulla, ma che l'ha fatto proprio per amicizia, perché il rapporto che ha con lui non è lo stesso che ha con uno spacciatore, così come non è usanza dare una mano agli amici come lui è solito fare. Discutono senza litigare, contrattano ragionevolmente, ma c'è tensione.

Quando infine si arrabbiano sul serio, al punto da non rivedersi più, il caso vuole che Perrin abbia appena incontrato Lusiau, nuovo amico di turno che approfitta del carico miracoloso e con cui si dà alla pazza gioia.

Entrando da Youssef, Perrin si imbatte in Pierre Etienne, che non vedeva da quindici anni, da quando l'altro era piccolo, il fratello minore del suo primo ragazzo. Poi Perrin e questo ragazzo si sono persi di vista, figuriamoci con il fratello minore. Ma si riconoscono immediatamente. Quasi non ci credono, non capendo se la coincidenza nasca dal fatto che prendono entrambi eroina o che si riforniscono dallo stesso spacciatore. Sta di fatto che si ritrovano ed è come se riallacciassero un legame interrotto, quando in realtà non sono mai stati legati.

Subito diventano amici. Pierre Etienne ha sette anni in meno di Perrin, una voragine quando erano piccoli, niente di significativo oggi. Tanto più che, in fatto di eroina, Pierre Etienne è il più grande, a giudicare da quanto tempo ci è dentro e con che proporzioni, ancora ignote a Perrin. Pierre Etienne ammira il rapporto che Perrin riesce a mantenere con la roba. Quando si imbattono l'uno nell'altro, Perrin è ancora un dilettante capace di restare ragionevole, e suscita l'indivia di Pierre Etienne che non ha mai visto un eroinomane mantenere a tal punto le distanze dalla propria sostanza. E quando Perrin sprofonda nel professionismo, non è comunque abbastanza intimo con Pierre Etienne da non poterglielo nascondere conservando il suo rispetto. Difatti, il fratellino di una volta non è di quelli che giustificano l'assunzione di eroina con qualcos'altro a parte l'assunzione stessa, cioè con la necessità di farsi. Non è affatto in sintonia con la sostanza, e ciò che desidera più di tutto è sbarazzarsene.

In fondo, Perrin è abituato all'infallibile conclusione dei discorsi da eroinomani sui vantaggi e gli svantaggi della loro passione: discorsi che possono andare avanti per ore, in cui ognuno apporta la sua piccola dose all'argomentazione, ma se a un tratto uno dei due dice di volere smettere, l'altro capisce al volo. In quanto tale, l'eroina è glorificata solo ed esclusivamente dai suoi adepti: nessuno la elogia senza concedersene un po'. Perrin è tuttavia sconcertato che un eroinomane non voglia più saperne di eroina: capisce perfettamente, ma non gli piacerebbe se questo capitasse a lui, ritrovarsi in una situazione in cui l'unica cosa che rimane è il coraggio. Gli viene in mente la volta in cui, trovato un partner perfetto per le sue perversioni estreme durante una seduta di amore telefonico, questi, raggiunto l'orgasmo, gli aveva detto: «Comunque, forse faremmo meglio a curarci, è troppo malata questa fantasia». Perrin si era indignato per questo tradimento, come se esistesse una gerarchia delle fantasie in cui la loro sarebbe giudicata molto male, o forse bene in realtà. Ma pazienza, che Pierre Etienne rinunci, se è ciò che vuole - però non è sulla buona strada. Va a destra e a manca. La sua passione è la musica, ma fa fatica a camparci, e non riesce a far diventare l'eroina la sua passione principale. Lo aiuterebbe a comporre. Lo aiuta a vivere e a non vivere, è uguale per tutti.

Un giorno, diversi anni dopo, Pierre Etienne piomba in casa di Perrin e gli annuncia che è fatta, smette. Ha già visto della gente in ospedale, domani inizia la disintossicazione. Ma domani è ancora lontano. Nel frattempo, Pierre Etienne si concede tutti i diritti di cui sarà privato. Si chiude in bagno per bucarsi e ne esce rintronato, ci torna dopo un'ora e ne esce ancora più rintronato, poi ci torna di nuovo e quando esce è a un pelo dal collasso se non peggio. Perrin va nel panico: Pierre Etienne è come un bambino goloso che deve piantarla con il cioccolato il giorno dopo e che nel frattempo si ingozza fino a sfiorare l'indigestione, come per esserne disgustato o, al contrario, affinché la quantità assunta in un solo giorno possa aiutarlo a passare gli anni successivi. Come se smettere fosse una decisione sua, ma che, in fondo, rifiuta. Perrin non riesce a riconoscersi in lui, sarebbe masochista e falso da parte sua ammettere una cosa del genere. In compenso si sente libero di credere che a lui resta ancora un po' di margine, che, se va benissimo decidere di farla finita con l'eroina quando vi ha spinto al di là, nulla di urgente si impone per lui che è ancora al di qua. E se Pierre Etienne smette tanto meglio, sarà un'ulteriore prova che è possibile farlo, e che quindi anche lui potrà quando sarà il momento, anche se, per ora, Pierre Etienne non ha ancora portato a termine la sua disintossicazione. Sta per l'appunto cercando di superare la fase opposta che, secondo lui, deve precederla: l'ingozzamento.

Pierre Etienne a un pelo dal collasso o dall'infarto quando esce dal cesso è per Perrin l'immagine stessa della vita e della morte: di colpo, l'overdose non è un errore di dosaggio ma un effetto automatico di questa costrizione angosciosa che chiede sempre di più. È la versione spettacolare e irrimediabile del suicidio che la ragione ordina all'eroinomane di eseguire con la massima delicatezza, come fosse la verità di un gioco che spaventa i piccoli giocatori tagliati fuori in questo cortile di grandi. L'overdose: il miglior nemico inatteso del bene, mentre l'eroina è l'eterna ricerca del meglio a ogni costo. «Com'è che sei fallito?», chiede Bill. «In due modi», risponde Mike. «Prima gradualmente, poi tutto d'un colpo». Come se questo dialogo di Hemingway potesse valere per ogni bancarotta. Chi crede che l'economia di una vita si gestisca da buon padre di famiglia, che esistano dei miglioramenti da disprezzare per precauzione , che la cosa giusta da fare sia non prendere due volte il dolce per evitare assolutamente di ingrassare felici, dato che i chili di troppo sono molto più problematici di quanto sia piacevole la felicità? Eroina chiama eroina, certo, c'è la linea gialla da non superare, ma a cui bisogna comunque avvicinarsi il più possibile, rischiando la dipendenza, l'imprudenza, perché a che serve iniziare se non si è disposti a continuare? Bisognerebbe calcolare il piacere in termini di utilità. E poi il cuore di Pierre Etienne regge, tutto sommato si è regolato bene con l'eroina, il suo organismo non l'ha deluso. Il giorno dopo è in ospedale per iniziare il suo programma, prima una specie di cura di transizione per poi farsi spedire un paio d'anni a fare i lavori forzati in un angolo sperduto del Midwest, camionista, sterratore. Al ritorno, il suo primo pensiero non sarà di ricontattare Perrin.

*

Lusiau telefona l'11 settembre.

«Sono Lusiau. Hai visto?»

Ora, Perrin è in un pessimo stato. Voleva distrarsi dall'angoscia legata all'astinenza trascinandosi come uno straccio davanti alla tv, ma il programma inatteso lo fa sprofondare ulteriormente nel suo malessere. Dopo un po', preferisce sdraiarsi sul letto piuttosto che continuare a sentire simili notizie. Fantastica, in una scomoda e appiccicosa sonnolenza che è pur sempre meglio della veglia totale. È allora che suona il telefono, riportandolo alla realtà.

«Certo che ho visto», dice seccamente, troncando la conversazione sul nascere.

«Il tono con cui mi hai parlato, non oserei parlare così nemmeno all'ultimo degli scrocconi», gli dice il giorno dopo Lusiau alludendo scherzosamente a quella razza di pidocchi presenti a tutti i vernissage della sua galleria.

È vero che l'assenza di eroina mette spesso a dura prova i suoi nervi, infatti il sollievo che gli procura è una delle ragioni per cui Perrin si fa. Il punto è che a volte ne ricava lo stesso effetto anche in presenza della droga. Ma finché sa di essere nervoso per questo, la cosa non lo disturba più di tanto, e anzi tale consapevolezza lo aiuta a controllarsi. Il problema è quando è talmente nervoso di suo che non si rende neanche conto di esserlo.

Il mese dopo, deve prendere l'aereo nel primo pomeriggio per raggiungere il suo ragazzo in Tunisia quando ad un tratto si ricorda di aver dimenticato di fare una commissione. Si precipita sul posto e riesce a concludere tutto in tempi ragionevoli. Non gli resta che tornare a casa a finire la borsa per poi andare in aeroporto. All'inizio non ne trova, poi sì, ecco un taxi. Il tassista continua a blaterare cose che a Perrin non interessano affatto. Ha i nervi a fior di pelle, tutto lo irrita. Preferirebbe che l'altro si concentrasse piuttosto a non essere la prima macchina ferma a ogni semaforo rosso. È sabato, non ci sono ingorghi, ma arrivando nella sua strada c'è una macchina parcheggiata male che intralcia il passaggio. Il tassista ci si infila senza smettere di parlare, non ha chiuso bocca nemmeno un attimo per tutto il tragitto. Una volta arrivati, Perrin, che non stava ascoltando, nel pagare capisce tutt'a un tratto che il monologo adesso si rivolge contro di sé. Il tassista scende insieme a lui per controllare la portiera sinistra e scopre che no, non è riuscito a schivare del tutto l'altra macchina, non si è infilato poi così bene e la sua auto ne porta il segno. E, mentre Perrin continua a non capire niente e a fregarsene, per il tassista questo imprevisto è una catastrofe - un po' come se a Perrin si volatilizzassero tutte le scorte di eroina, o come se l'astinenza lo colpisse nel pieno di un periodo di presunta abbondanza. Indignato da un cliente di indole così poco compassionevole, il tassista tiene a farglielo sapere.

«Lei sarà anche un avvocato o un professore, ma non è una persona per bene», gli urla affinché i passanti e gli abitanti della strada sappiano che individuo vi risiede.

Perrin ripensa a tutto ciò quando è ormai sull'aereo che è riuscito a prendere, gli dispiace ma non può farci niente. Al diavolo i tassisti che non sanno nulla dell'eroina, che finiscano nel dimenticatoio della Storia.

*

Da bambino, Perrin adorava gli album di Lucky Luke. Li ha letti e riletti, li conosceva a memoria, e questo li rendeva ancora più affascinanti ma era anche un difetto, perché la sorpresa e la novità sono dei piaceri ineguagliabili, senza i quali mai nessuno proverebbe a farla finita con l'eroina. Una notte, ha sognato un'avventura inedita di quel cow-boy non così solitario, dal momento che ha un posto nel cuore di Perrin - in altre parole, se n'è inventata una. Non solo al risveglio il ricordo è ancora vivo, ma questa sensazione lo accompagna nel corso dei mesi e degli anni, per tutta la sua adolescenza, ha l'impressione che esista un album di Lucky Luke che ha letto soltanto una volta ed era molto più di una semplice lettura, un album che non ha più a portata di mano. Difatti non ha ricordi dell'avventura in sé, ma di ciò che gli ha procurato, una gioia poi rivelatasi inaccessibile. Non era la più divertente delle storie di Lucky Luke (non era affatto divertente in realtà, semplicemente autentica e commovente, la quintessenza del suo attaccamento alla serie), eppure era la sua preferita, stando a quel che ricorda. Ha letto un libro inesistente e gli sembra una crudeltà non poterlo rileggere - la cosa più straordinaria è averlo creato, perché allora è impossibile ricrearlo, compito meno difficile in teoria? Per quale disgrazia gli vengono le cose più difficili e non quelle più facili?

L'età adulta gli offre un'avventura simile con Flaubert. Ha scovato una vecchia edizione delle sue *Opere complete* contenente due tomi dedicati ai *Viaggi*, sottotitolati «Francia, Italia, Svizzera» il primo, e «Oriente e Africa» il secondo, il quale comprende seicento pagine dai bordi non pareggiati. Non avendo un tagliacarte, Perrin li aggiusta con un coltello, stando bene attento a non strappare le pagine con un movimento maldestro come se quella vecchia carta fosse tutt'uno con l'opera stessa. A volte gli piace stordirsi di lettura ma, nel caso specifico, è talmente fatto da essere già stordito prima ancora di immergersi nel racconto o nel diario di Flaubert in Egitto. Anche lui, qualche anno prima, è stato al Cairo insieme a un amante, durante un viaggio organizzato. Non ricorda più cosa ha provato, se non fosse che Flaubert gli rammenta le sue sensazioni descrivendo le proprie, lo stesso Flaubert che affermava di non aver notato niente, di non aver vissuto niente durante il suo viaggio, anche se il suo resoconto dimostra il contrario.

A poco a poco, è come se Perrin attraverso la lettura vivesse ciò che racconta Flaubert, trasponendolo nel suo viaggio precedente ma in realtà vivendolo in quel preciso istante, con le pagine sotto gli occhi e la mente a zonzo, in un guazzabuglio cronologico e geografico, seduto nella sua poltrona e contemporaneamente in Egitto, nell'Ottocento e ai nostri giorni, come se la lettura attualizzasse e al contempo trasformasse il suo viaggio di qualche anno prima. A poco a poco non legge più, fa troppa fatica a distinguere ciò che scrive Flaubert da ciò che lui stesso immagina e prova. A poco a poco, è come con l'avventura di Lucky Luke, come se fosse intento a leggere scrupolosamente, decifrando consapevolmente un'allucinazione che dura nel tempo. È sveglio ma assopito, si rende conto che ciò che ha letto o creduto di leggere non è stampato da nessuna parte, che Flaubert non ha mai scritto del suo viaggio, quello di Perrin, eppure continua ad avere la sensazione di saperne più lui su Flaubert che il suo collega esperto di Ottocento, e di avere gli occhi, le orecchie e il cervello tutti impregnati di un inedito di cui nessuno sospetta l'esistenza - la quale, è vero, è ben poco attendibile per chi non ha la fortuna di essere Perrin ed è alquanto aleatoria persino per lui. A pensarci bene, è come se Flaubert si fosse arruolato sotto la bandiera dell'eroina, diventando un paradiso artificiale, personale - un paradiso che ognuno può inventare da sé, e non è forse questa la prerogativa di ogni autentico paradiso?

L'eroina moltiplica la sua capacità di abitare i libri, di lasciarsi influenzare a tal punto che la sera, pervaso dall'ispirazione, scrive il suo diario nello stile di ciò che ha letto durante il giorno. Quando se ne rende conto, tutto questo gli sembra ridicolo e toccante. È fatto della stessa materia di cui sono fatti i sogni oppiacei.

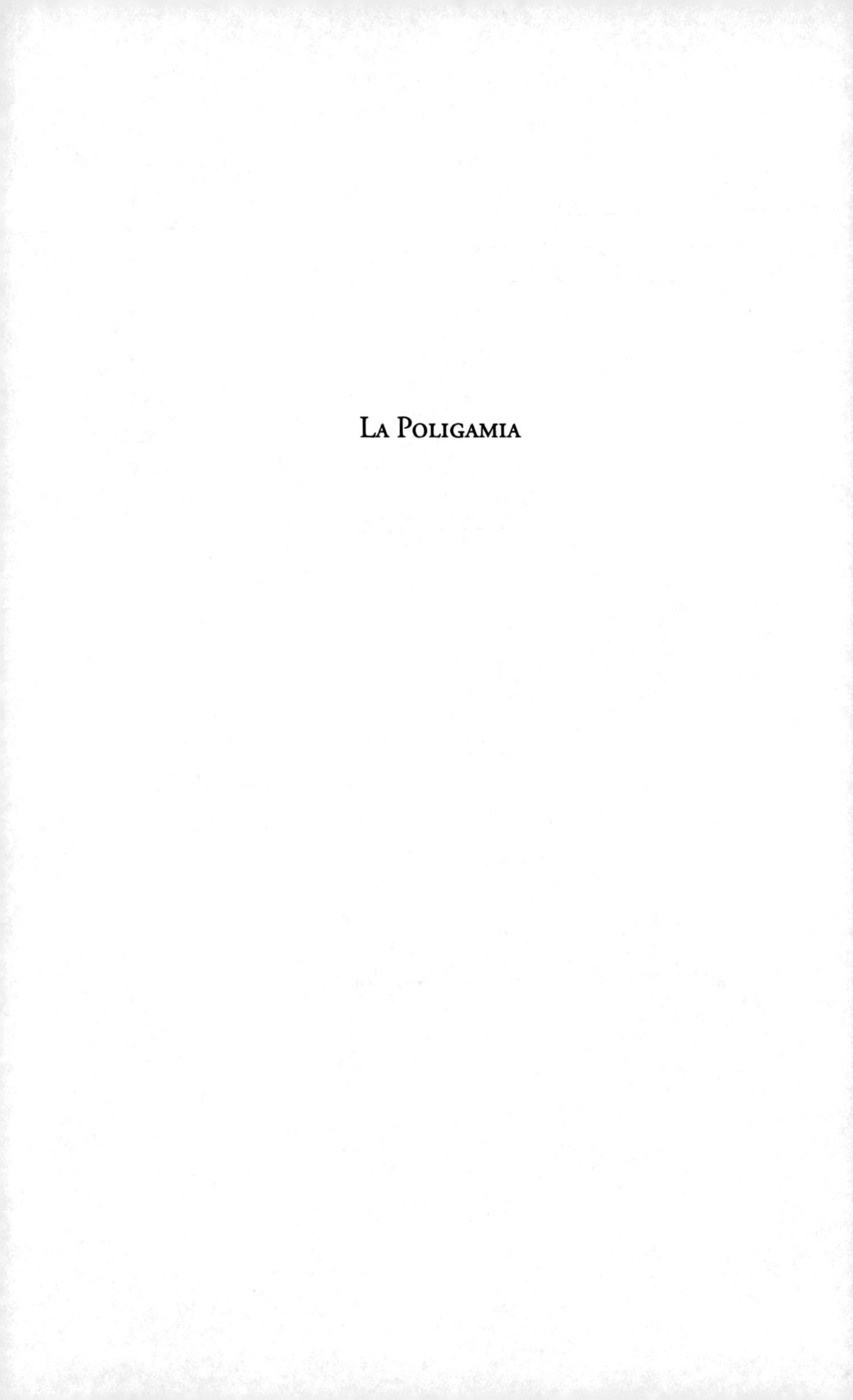

La Poligamia

Perrin è innamorato di Kei, le cose vanno bene, così lo elegge amore della sua vita. Il che sta bene ad entrambi - chi non ha bisogno di un amore della sua vita? Manca quando non lo si ha.

Impara a gestire l'amore. È un po' come fare economia: all'inizio è passione, poi bisogna giusto conviverci. Gestire, tanto per cominciare, è mentire. Sembra l'eroina.

Adora quando Jeanne Moreau canta la felicità delle bugie, la prova d'amore che incarnano («*Tant que tu me mentiras, c'est que tu tiens à moi*»).[1] Nei primissimi tempi, influenzato dai pregiudizi, privilegiava la verità, convinto che fosse la minima cosa che doveva al suo amore, a maggior ragione quello della sua vita. Ma siccome Kei evidentemente non è pronto per un *ménage à trois* (non è che prenda la droga a colazione), la strategia più comoda consiste nel nascondergli la sua amante in polvere. La comodità: anche questa, ognuno se la costruisce a sua immagine.

Kei arriva il mercoledì dal Giappone per trascorrere quindici giorni a Parigi insieme a lui. Perrin vorrebbe avere un po' di eroina di scorta, giusto per essere a suo agio; e comunque non ne prenderà a palate, solo quel che basta

1 «Finché mi mentirai, vuol dire che tieni a me».

per stare bene, per essere sessualmente funzionante. Sfortunatamente, quando chiama il suo spacciatore Fayçal, la domenica, questi è a secco. Richiama il lunedì, nessuna evoluzione. Uguale il martedì. Urge un cambiamento, l'incertezza è già una forma di astinenza.

Quando Kei gli piomba in casa, sfinito dal viaggio ma felice di vederlo, Perrin è preoccupato dal rapido esaurirsi delle sue scorte. Che gioia ritrovarsi, certo, ma anche ritrovare la sua sostanza di nuovo in commercio sarebbe una gioia, e gli permetterebbe di godersi meglio quell'altra. Gli tocca isolarsi per telefonare di nuovo, ha chiamato stamane appena sveglio, ma è raro che gli spacciatori siano mattinieri e infatti gli ha risposto la segreteria telefonica.

«Ho fame», gli dice Kei senza che nessuno gli abbia chiesto nulla, e poiché è ora di pranzo, Perrin non ha scampo.

Vorrebbe affrettare le cose, ma il cameriere è di una lentezza estrema che lo irrita più di quanto dovrebbe far vedere. Kei invece è tutto preso dal piacere del loro incontro che gli è costato dodici ore di aereo, e non riesce a capire come un banale inconveniente possa assumere tanta importanza. Perrin si sforza di sorridere, di essere contento. Che sciocchezza, che peccato: sarebbe stato così allegro se solo il giorno prima fosse riuscito ad avere il suo appuntamento. Solo questo pranzetto a due sarebbe stato così piacevole che si sarebbe addirittura rallegrato di come la negligenza del cameriere lo sta prolungando. Sarebbe bastato un grammo.

«E se andassimo al cinema?» dice Kei. «Qui è uscito l'ultimo di Scorsese, no? L'hai già visto?»

«Ah sì», dice Perrin senza entusiasmo. «No. Bisognerà vedere gli orari».

Teme che questo gli impedisca ogni eventuale appuntamento se per un qualche caso fortunato Fayçal dovesse resuscitare.

Quando risalgono a casa, Perrin deve fare una telefonata. Pensando di mentire, lo dice a Kei come se fosse un obbligo che gli pesa ma a cui non può sottrarsi,.

«Va bene», dice Fayçal.

«Ok tra un'ora?»

«Va bene».

Ha detto un'ora anche se in realtà ci vuole soltanto mezz'ora di metro, l'ha fatto per delicatezza nei confronti di Kei, per non doverlo lasciare troppo bruscamente. Gli spiega la situazione omettendo solo la natura dell'appuntamento, dicendo che è costretto ad andarci ma che non ci metterà molto, sarà di ritorno in meno di due ore.

«In che quartiere è?»

«Champs-Elysées», dice Perrin per non creare sospetti nominando la zona di Barbès.

«Non ti dispiace se vado a vedere il film di Scorsese da solo o vuoi andarci anche tu? Perché c'è uno spettacolo tra tre quarti d'ora».

«Nessun problema».

Anzi, è l'ideale.

«È sugli Champs-Elysées, così possiamo prendere la metro insieme».

Perrin ha la sensazione di essersi fatto fregare. È nervoso per tutto il tragitto che non è la sua vera direzione e lo allontana da Fayçal. Gli toccherà riprendere la linea 2 alla fermata Étoile.

«Se vai fino a Étoile, vengo con te», dice Kei. «Poi scendo a Champs-Elysées e cammino fino a Franklin-Roosevelt, mi farò una bella passeggiata».

«Ma io devo uscire dal lato opposto, sull'avenue della Grande-Armée», risponde Perrin che sperava almeno di sbarazzarsi del suo innamorato per prendere la coincidenza senza dover perdere altro tempo a uscire dalla metro.

«Ho una mezz'ora abbondante, dice Kei. Il film inizia venti minuti dopo l'ora dello spettacolo indicata. Esci pure sull'avenue della Grande-Armée».

Tanta benevolenza è un incubo. Il suo innamorato, evidentemente, prova piacere a passare del tempo con lui - è per questo che è venuto a Parigi. «Ma ciò non significa ogni secondo che passa», pensa Perrin mentre l'obiettore che ha dentro di sé gli ricorda che Kei è arrivato da sole due ore. Per di più, ha paura di essere in ritardo e che Fayçal abbia già finito tutto: la roba sparisce subito dopo un periodo di magra, che ricorda ai più imprevidenti la necessità di fare una scorta. E invece di precipitarsi a fare rifornimento come farebbe chiunque, è costretto a perdere tempo in chiacchiere con l'amore della sua vita, a gioire della sua presenza fastidiosa. Manca un solo grammo e tutto è sovrappopolato.

«Per quanto ne hai?» chiede Kei mentre camminano lungo l'avenue della Grande-Armée. «Ti aspetto in un bar, posso benissimo guardare il film domani».

Perrin è esasperato dal fatto che il suo sedicente amore faccia di tutto per mettergli i bastoni tra le ruote senza lasciargli un attimo di tregua. È l'amore che esaspera, che crea questa dipendenza infernale. Perché non hanno tutti la sua misura nelle relazioni amorose? E ce l'ha con Kei anche perché è talmente nel giusto che, certo, se si entra nel gioco dell'amore e dei suoi cliché il suo comportamento è così comprensibile, così rispettabile. Come un marito che tradisce la moglie, o viceversa, e che inventa una storia credibile e l'altro si mette a sottilizzare. A che serve entrare nei dettagli? Non è nell'interesse del tradito essere umiliato dalla verità - se si mente, è per il suo bene.

«O forse già non ne puoi più di me?» dice Kei di fronte a questo accumulo di risposte distanti, visto che Perrin non ha di certo reagito al volo.

Si sente vittima di un paradosso: se Kei sapesse che fa tutto questo per un po' di eroina, gli perdonerebbe di sicuro più facilmente questa sua relativa indifferenza che non tira in ballo nessun altro essere umano; ma lui stesso fa di tutto perché Kei non lo sappia, ha paura che non glielo perdoni. Kei non potrebbe semplicemente lasciarlo stare con la sua dipendenza, che crea già abbastanza problemi senza che vi si aggiunga anche questo, del tutto artificiale?

È fuori di sé quando il suo innamorato si siede ad aspettarlo all'esterno di un bar, e non gli resta che camminare lungo il viale per poi svoltare in una strada laterale nella speranza presto esaudita di trovare un taxi. Perrin risale il viale in auto tenendo un giornale all'altezza del viso perché il suo profilo sia invisibile quando passa nei paraggi del bar, terrorizzato all'idea di far tardi da Fayçal, e che lo spacciatore, per chissà quale motivo, non possa più riceverlo o sia di nuovo a secco. Si tira su a ogni semaforo tormentato da questa sinistra eventualità e arrabbiato con Kei per avergli fatto fare tardi inutilmente, senza neanche l'intento di essere sgradevole, a cui almeno avrebbe potuto replicare con puro amore. Da Fayçal, nessuna osservazione sull'ora, come sempre. È coi soldi che lo spacciatore non sopporta i ritardi, con gli esseri umani la cosa non gli crea alcun problema.

Si rifocilla il sangue sul posto e torna verso il bar di Kei in metro, prendendo apposta un'uscita sbagliata a Étoile in modo da poter raggiungere l'avenue della Grande-Armée facendo finta di risalirla. La sua esasperazione è per lo più svanita grazie all'assunzione di eroina e al senso di sicurezza indotto dalla bustina che tiene nascosta insieme alla sua carta di credito. Ce l'ha giusto un po' con Kei per averlo costretto, con la sua ostinazione, a comportarsi così indelicatamente con lui quando invece chiedeva solo di essere premuroso e affettuoso.

Perrin mente senza saperlo, attraverso i suoi umori, i suoi sentimenti e le sue reazioni spontanee. Attraverso il suo nervosismo, la sua disperazione e la sua euforia indipendenti dal legame affettivo, ora artificialmente paradisiaci, ora diabolicamente artificiali. Kei ha instaurato una relazione con lui e si ritrova senza accorgersene in un'altra, non quella che pensate, è finito in un rapporto che non potrebbe mai immaginarsi. Per Perrin, l'averlo eletto amore della sua vita vuol dire costituirsi una riserva, come tenta sempre di fare con l'eroina, eliminando ogni velleità di astinenza. Lo ama, è vero, e ama fare l'amore con lui, ma mente con il cuore e mente con il culo. A volte, dopo le immancabili tensioni tra di loro, le riconciliazioni tra le lenzuola riconciliano soltanto Kei. Non sono altro che una dimostrazione data. Capita che il sesso, nell'amore, diventi un brutto momento da superare. Indipendentemente dalle posizioni che può adottare in periodi meno eroinizzati, arriva a offrirsi per pigrizia, perché così, in questa posizione, Kei, fa meno caso alla sua erezione, e lui dunque non deve preoccuparsi troppo. Non c'è bisogno di essere una donna per capire che la rudezza dell'orgasmo maschile ha anche dei vantaggi. D'altronde in Kei non c'è alcuna idea di dominazione. Anzi, in altre occasioni, è Perrin che deve dimenarsi per raggiungere la piena e totale soddisfazione, condizione indispensabile perché anche il suo innamorato raggiunga la propria. Ci riesce con mille sforzi dell'immaginazione. La sua fantasia ricorrente è allora di essere solo e di poter fantasticare su qualsiasi cosa a modo suo, al suo ritmo.

L'eroina a volte supera ogni amore perché la si ama senza doverci andare a letto. O perché andarci a letto non esige alcuno sforzo, alcuna attenzione.

Perrin ripensa a un manuale di educazione sessuale in cui, per proteggere gli adolescenti dalla masturbazione, si spiegava che il piacere provato da soli raddoppiava se si era in due, e gli era piaciuta moltissimo la critica fatta da uno spirito libero che chiedeva se il piacere fosse triplicato se lo si provava in tre, decuplicato in dieci e centuplicato in cento. Non fa più ridere. Nell'eroina, il sesso è spesso migliore a uno, se non addirittura a zero. Chi non ha i suoi momenti in cui vorrebbe sbarazzarsi della sessualità?

Per farla finita col sesso, l'eroina. L'astinenza appartiene a tutti quando è temporanea. È a oltranza che diventa una perversione.

L'amore della sua vita! La passione ha i suoi detrattori che ne mettono in causa la razionalità, eppure essa regola e sregola tutto, fa pulizia. Lo squilibrio proprio della condizione amorosa, con il suo fascino e i suoi inconvenienti, si trasforma in una serena felicità quando il ragazzo in cui s'imbatte è destinato a restare l'eletto per tutta la sua esistenza, e lui stesso ne è ricambiato. La paura del vuoto è scacciata, così come i tornado e gli altri uragani che soffiano su ogni vita sentimentale e sessuale. Kei è questo, per lui, ciò che lo àncora alla vita, che lo fa resistere. Perrin prova questo sentimento di riconoscenza verso tutti i suoi innamorati, perché deve a loro il fatto di essere rimasti con lui per il periodo della loro relazione, altrimenti avrebbe rischiato di scomparire, di lasciarsi sfuggire la vita, sarebbe stato deprimente.

Perrin abborda Benassir in un bar gay. È un giovane tunisino in vacanza a Parigi, la cui bellezza lo fa uscire completamente allo scoperto, è in un periodo in cui l'eroina è sotto controllo e il sesso gli è accessibile. Il ragazzo accetta un bicchiere e poi un altro con simpatia e semplicità, con brio, per niente imbarazzato dalla sua bellezza. Tutto fila liscio finché non arriva il momento di portarselo a casa.

«No, mi dispiace, ma stasera devo rientrare, sto da alcuni amici», dice Benassir. «Ma se vuoi possiamo bere qualcosa domani pomeriggio».

Perrin vuole eccome, anche se l'orario non è sessualmente molto promettente. Dopo essersi scambiati i numeri (l'altro gli ha dato solo il fisso di quelli che lo ospitano a Parigi), Perrin torna subito a casa, non avendo più nulla da fare in quel bar, più nessuno da incontrare. Benassir l'ha colpito. Appena l'ha visto, gli ha ispirato un amore che la conversazione ha poi accresciuto. È il ragazzo di cui ha bisogno.

L'incontro lo rende felice, lo è ancora quando va a dormire. Non sa se Benassir lo chiamerà né se il numero dei suoi amici sia esatto ma ci crede. Un bell'orgasmo avrebbe coronato la serata, ma in fondo già così non è male.

Inoltre, nulla gli impedisce di farsi una dose per la notte, è il vantaggio della sua privazione sessuale. Non si masturba mai sognando esseri reali, ha questa superstizione che le sue fantasie non siano fatte per confrontarsi con la realtà, che non si realizzeranno mai se le vive in anticipo. L'eroina reca con sé la promessa di una dolce notte che prolungherà senza intoppi il suo colpo di fulmine - in ogni situazione, l'immaginario è una risorsa.

Il mattino dopo non riesce ad aspettare la telefonata dell'altro. Deve sapere se imbottirsi subito o se è più saggio lasciare il suo apparato genitale in un miglior stato di funzionamento fino a nuovo ordine. Chiamare sarà anche un modo per verificare se il numero lasciatogli è esatto, se Benassir è davvero disposto a rivederlo. E poi lui è sempre stato così, uno che telefona per primo, che non resta nel dubbio, fregandosene dell'orgoglio: è sempre stato uno maturo per l'eroina.

Il numero è esatto, si danno appuntamento in un bar alle quindici. Un piccola dose per festeggiare. Sarebbe stata una grande dose per consolarsi se non avesse funzionato, e allora siccome funziona può benissimo concedersene una piccola: perché non essere contenti se le cose vanno bene? Alle quindici Benassir è al bar, alle sedici sono da Perrin, alle diciassette quest'ultimo si concede una grande dose perché tutto è andato per il meglio. Se prima aveva calcolato attentamente la dose, ora non c'è più nulla da calcolare. È l'inizio della sua vita da poligamo: oltre a Kei, ha altri due amori da soddisfare, Benassir e la roba. Il ragazzo ce l'ha nella pelle, ma l'eroina ce l'ha nel sangue.

«Amare, la più dolce delle alienazioni!». È il genere di romanticherie insolenti che si concede quando è innamorato, innamorato e fatto, sazio da scoppiare. Quando ha tirato in ballo la droga, Benassir gli ha parlato del *majoun*, il famoso dolce alla marijuana nonché l'unico paradiso cosiddetto artificiale che abbia mai conosciuto, giusto per mostrare di non essere un puritano, e Perrin, che è ormai un professionista in materia, ha invidiato questo suo dilettantismo. Gli piace parlare di questa relazione con Lusiau, quando sono tutti e due fatti, quando nulla frena i loro sproloqui che restano tuttavia entro i limiti del reale, a differenza di quelli degli alcolisti che esagerano i sentimenti, come se l'eroina fosse la verità della dolcezza. Ma Perrin è felice che il suo innamorato, che ora è tornato in Tunisia, non sia invischiato in questo traffico. È tutto un altro mondo quello che conquista accanto al ragazzo che gli racconta perché non fumerà mai hashish: è che, da bambino, ha visto suo padre affranto davanti al fratello più grande che ne fumava continuamente e lui, sebbene le promesse non siano il suo forte, si era fatto quella di non assomigliare mai al fratello in questo.

Per certi aspetti, l'eroina è lo stimolante perfetto dell'amore, che gli permette di moltiplicare la felicità del suo nuovo mondo. Perrin ha un modo tutto suo di essere innamorato. Non conta più niente a parte l'altro, la loro relazione da costruire per l'eternità. Per il resto, la sua vita non è che un fastidio se non può almeno, come con Lusiau, parlare dell'altro e della loro relazione. L'amore è una creazione. Niente di sorprendente, da sempre la sua vita sentimentale procede solo attraverso colpi di fulmine.

Un giorno Lusiau ha commentato questa sua particolarità dicendo che, per quel che gli riguarda, non potrebbe mai innamorarsi di qualcuno senza averci fatto l'amore, e il suo tono mostrava che non capiva come potesse essere diversamente. È solo con la droga, aveva pensato Perrin, che per lui funziona così. Mai e poi mai avrebbe potuto innamorarsi dell'eroina se prima non l'avesse assaggiata; la sola idea gli avrebbe fatto schifo, sicuramente. Non l'avrebbe mai nemmeno provata se il piacere dell'eroina non l'avesse travolto senza dargli il tempo di riflettere.

Amare, la più dolce delle alienazioni? Ad ogni modo, la meno tranquilla. Almeno su un oggetto, su una sostanza, Perrin ha il controllo. Ma intossicarsi di un altro essere vivente è peggio di qualsiasi altra cosa. Non si sceglie quando mollare, quando essere mollati. La roba, una volta stabilito il contatto iniziale, funziona per forza. Non ha desideri né coscienza che le impedisca di entrare nella cannuccia o nella siringa. Sono più vivi, gli esseri viventi, con tutti gli inconvenienti unanimemente attribuiti alla natura umana.

*

Quando Perrin va per la prima volta a trovare il suo nuovo amore nel suo Paese, l'arrivo è una vera gioia, la roba consumata prima del decollo continua a rilassare lo spirito e la presenza di Benassir, la sua vicinanza, la dolcezza della sua presenza e della sua pelle si possono assaporare in tutta la loro munificenza. Stupendo, anche il pomeriggio.

Ma la giornata è lunga. Perrin si è alzato molto presto per arrivare prima in aeroporto e, nell'allegro tumulto del ricongiungimento, riesce facilmente a non pensare all'eroina. Tuttavia, dopo aver rifatto l'amore, qualche pensiero inopportuno gli ricorda la giornata meno buona che lo aspetta, e cioè che deve dormire per poter essere in forma e affrontare quelle prossime ore. Si addormenta tuttavia senza problemi, soddisfatto ed esausto.

Un incubo lo sveglia a un'ora indefinita della notte. È sudato fradicio, ancora impaurito poiché stava per essere gettato dall'alto di una torre da alcuni adolescenti che non volevano saperne di ascoltare ciò che aveva da dire in sua difesa. Lui si sforzava di mantenere la calma, come fosse l'unico modo per convincerli ad ascoltarlo e a risparmiargli la vita. Riusciva a farsi sentire ma le sue parole cadevano nel vuoto. Non gli sembra di avere urlato, Benassir continua a dormire al suo fianco. Non è la paura, ma l'astinenza a farlo sudare. È talmente stanco che spera tuttavia di riaddormentarsi. Si appisola, ancora un po' preoccupato che gli adolescenti tornino per portare a termine la loro perversa missione lasciata a metà.

Proprio allora si rende conto della voce del muezzin. Come non sentirla? Gli sembra che nessuno in città possa dormire, eppure Benassir continua a non svegliarsi. Si chiede se il sogno della torre abbia a che fare con il minareto. Non capisce niente di ciò che dice il muezzin la cui voce sale e scende a intervalli imprevedibili. Ha l'impressione che stia cantando o urlando da un'ora, che non smetterà mai. In tutto questo c'è una cosa che lo avvilisce più di tutto. Benassir continua a dormire indisturbato.

Perrin pensa che se ci fosse un Dio, qualunque sia, non sarebbe così meschino da svegliarlo in piena astinenza per la Sua gloria personale. Ha talmente voglia di dormire ed è così impossibile riuscirci che potrebbe mettersi a piangere dalla stanchezza e dalla rabbia. Dio sa che ama Benassir, ma che diavolo ci è venuto a fare in questo inferno? Il suo è un amore parigino.

L'amore è diverso, al mattino. Perrin è tutto scombussolato. Il bagno gli è più ospitale del letto di Benassir.

«Ai francesi capita sempre», dice il suo giovane innamorato. «La cosa migliore è bere solo acqua minerale e Coca-Cola. Vado a chiedere qualcosa in farmacia, hanno della roba molto efficace.

Perrin è solo mentre aspetta, tra il letto e il cesso. Quando interrompe l'eroina, di solito, anche se con un leggero ritardo, il suo desiderio sessuale è moltiplicato per via delle restrizioni subite sotto l'effetto della sostanza. Ora, invece, scopare è l'ultima delle sue preoccupazioni. Ha vergogna a mostrarsi sotto una luce così penosa, rovinando dei momenti che avrebbero potuto essere migliori, come se svuotarsi, in tal caso nella sua forma più concreta e meno appetitosa, fosse il suo destino di pallone gonfiato. Difatti, se è vero che i francesi hanno spesso dei disturbi gastrici nel venire a contatto con nuove condizioni sanitarie, è sicuro che stavolta sia l'astinenza a indebolirgli lo stomaco e il corpo tutto. Tra l'eroina e l'amore, come fosse una lotta. Che ci è venuto a fare in questo inferno? Ma l'inferno è difficile da definire: è la droga, l'amore per un ragazzo o la Tunisia? È la vita? L'astinenza non altera solo la fisiologia, colpisce innanzitutto la mente, e nel modo più eclatante. Ma l'amore è ciò che più tira su, quando va bene. Quello che fa di Perrin un pallone gonfiato consiste nel mostrarsi come un uomo quando invece non è che un drogato che tradisce Benassir, che mente a tal punto a se stesso da mentire agli altri senza volerlo. E, del resto, ha la sensazione che tutti agiscano così, in un modo o nell'altro, ma solo lui se ne accorge, come fosse una forza degli eroinomani accorgersene quando il loro corpo ha esaurito le scorte.

In circostanze identiche, non ha mai simili effetti intestinali a Parigi. L'acqua tunisina è la causa contro cui il suo organismo indebolito semplicemente non oppone resistenza.

Eppure è felice di essere lì, accanto a Benassir, felice che Benassir si adoperi per lui anche se non vede quale farmaco davvero benefico possa portargli il suo amante senza una prescrizione medica. Gli viene in mente che non l'hanno controllato alla dogana, che avrebbe potuto passare tranquillamente con un piccolo carico. Ma forse avrebbe fatto tutt'altra impressione ai doganieri se avesse avuto qualcosa da nascondere, il fatto che non lo abbiano perquisito non significa niente, dato che non c'era nulla da trovare. Un ragionamento vale l'altro, sono del tutto inconsistenti di fronte alla cruda realtà.

«La farmacista mi ha dato questo», dice Benassir tornando con un flacone. Elisir paregorico.

Oppio a domicilio. Pensava che l'elisir paregorico fosse vietato da secoli e i segreti della sua fabbricazione ormai dimenticati. Di sicuro non ci contava. Ha come l'impressione di godere dell'influenza di Benassir sulla farmacista, la quale nemmeno per un attimo si sarà immaginata che il ragazzo lo volesse per uso personale. Lui del resto non avrà certo chiesto quel prodotto in particolare, sarà stata lei a sceglierlo non vedendovi alcun rischio di uso inappropriato e Perrin fa un colpaccio. Sa già di dovere così tanto a Benassir che non lo disturba il fatto che la lista si allunghi. Vede in lui così tanta generosità che gli fa del bene, è perlomeno capace di suscitarla e di riceverla, anche se con l'inganno. Tra un attimo i suoi dolori si placheranno. A volte, ciò che più lo disturba nell'eroina è l'egoismo che gli inocula.

Che succederebbe se Benassir venisse a sapere che prende eroina? Bravo chi può dirlo. È chiaro che il suo innamorato non ha alcuna familiarità con la droga, nemmeno come fantasia. Ma perché nasconderglielo? Perché si può parlare di eroina solo con gli eroinomani, altrimenti la gente sfodera subito un sacco di domande, di pregiudizi fastidiosi. Altrimenti la gente non capisce più niente, parla solo di smettere, la vita è bella se la si affronta con onestà. Altrimenti la gente vi prende per pazzi quando invece, ragiona Perrin dentro di sé dove non corre il rischio che qualcuno possa contraddirlo, chiunque sarebbe ridotto a drogarsi se gli venisse la malsana idea di affrontare la vita con onestà.

Mandato giù il primo sorso si sente già meglio, sicuro com'è che così sarà. In questo, è il miglior medico di se stesso.

«Grazie», dice di nuovo.

Se Benassir sapesse di cosa soffre davvero, probabilmente gli avrebbe offerto quell'oppio liquido con la stessa semplicità.

«Devi riposarti», gli dice il suo infermiere a domicilio senza allontanarsi dal letto, lasciandosi prendere la mano, felice di essere utile a un uomo che lo ama tanto.

E per Perrin è quello il miglior riposo, calmate le viscere e il cervello, mano nella mano con il suo innamorato che può portarsi fino alle labbra, di nuovo pronto a fare dell'amore la totalità della sua vita. In quel preciso istante, non è molto in forma per il sesso, ma lo rifaranno domani, quando sarà guarito, nulla di strano nel prendersi una tregua di ventiquattr'ore. Può girarci intorno quanto vuole, ma è sempre la solita guerra tra il sesso e la roba, e quello che vive in quel momento è il migliore armistizio possibile.

Sono più vivi, gli esseri viventi, e Benassir è vivo tra tutti. Il ragazzo percepisce l'amore che Perrin prova per lui, e che è la cosa più viva in Perrin, dietro la quale si nasconde l'ibernazione di tutto il resto. Ed è vero che la sua passione gli fa superare, a tratti, l'astinenza, ora che non deve correre continuamente in bagno tenendosi la pancia dal dolore, ora che non c'è più nessuna astinenza.

«Benassir, Benassir», dice stringendo quella mano calda nella sua come un flash senza fine.

Sonnecchia tutta la mattinata, fantasticando di rifare l'amore con il suo amante. Anche in sogno, è meraviglioso.

Quando incontra Benassir, la nozione di amore della sua vita è così radicata in Perrin che i sentimenti per il giovane tunisino di cui è pazzo non gli sembra possano intaccare la sua vita eterna con Kei. Benassir è un flirt. Del resto, lo ama troppo, è impossibile che duri: si consumerebbe. Invece la cosa dura e lo riempie.

A Kei non parla della recente apparizione del giovane tunisino, che invece è informato su colui che gli è stato presentato da Perrin come l'amore della sua vita, senza che ciò interferisca tuttavia con il coinvolgimento affettivo di Benassir. Questi, a dispetto della sua presunta innocenza, è abbastanza spigliato da sapersi regolare. Poiché nessuno dei suoi due innamorati vive in Francia, la situazione è geograficamente sostenibile e, pur pesandogli sempre di più, non ha intenzione di risolverla. Non può fare a meno né dell'uno né dell'altro. Kei desidera un'esclusività amorosa di cui Perrin non è un fautore e, se dice la verità a Kei, questi lo lascerà e sarà lui a ritrovarsi in una relazione esclusiva a cui non aspira. Non avrebbe senso. O forse c'è un modo per rendere le cose accettabili? Kei o Benassir, si tratta di parlare di eroina a degli esseri che non la conoscono. Non è tenuto a lasciarli sguazzare nei pregiudizi da cui lui stesso è riuscito a guarire solo grazie a un'assunzione costante: perché non guarire anche loro? Stessa cosa per la vita di coppia: non è un assoluto del desiderio. Perrin teme tuttavia di non riuscire a inculcare questa nuova logica a Kei con la sola forza delle parole, sebbene pronunciate tra le lenzuola. Così risponde con sempre più bugie alla sua crescente preoccupazione, ma non è forse la norma in una coppia? Non si vorrà passare il tempo a far preoccupare l'altro come se l'amore servisse a impossessarsi del proprio partner per farne un ricettacolo di angosce. Perrin parla di amore, non di fusione. La fusione sembra riservata all'eroina, che a poco a poco impone la sua esclusività. Con lei, il colpo di fulmine iniziale non era che un'esca, è col tempo che s'instaura la passione.

La vita si triplica: uno, l'altro, la roba - il *ménage à quatre* comincia a essere un po' troppo. La situazione con i suoi due innamorati è più gestibile quando nessuno di loro è a Parigi, ma sarebbero degli amori tristi se non li vedesse mai. Nessuno dei due è a Parigi contemporaneamente, ma quando uno c'è bisogna occuparsi dell'altro al telefono, oltre che procurarsi discretamente il necessario per rifocillarsi il naso (meno male che esiste questa possibilità di non farsi dei visibili buchi in vena). A causa dell'esagerazione dei sentimenti sviluppata dall'eroina, Perrin è in preda a un'angoscia permanente, angoscia di compiere una sciocchezza, una bassezza, come se, partito da una posizione neutrale tanto a livello morale quanto fattuale, fosse solo da adesso, attraverso il suo comportamento giorno dopo giorno, che tutto rischia di scivolare dal lato sbagliato, con l'eroina, con l'amore, come se soltanto adesso le sue bugie rischiassero di essere condannabili, di fare del male se scoperte, perché è la segretezza la garanzia della loro innocuità.

La situazione è insostenibile, non fosse che l'eroina è un magnifico rimedio a doppio taglio. Lo mette così a suo agio da fargli sopportare il disagio. In una condizione normale, probabilmente non avrebbe retto, e da tempo la sua coscienza o la sua energia vitale lo avrebbero costretto all'onestà. Ma la sua droga tappa tutti i vuoti d'aria morali, come incendi spenti sotto cumuli di sabbia. Con l'eroina, l'avvenire non lo preoccupa; è talmente più facile, sotto il suo effetto, non pensarci. Lo scopo dell'uomo sulla Terra non è la verità, almeno non quella prosaica dei corpi e dei sentimenti che suscitano in lui tante angosce. La verità meditativa della dolcezza, del conforto e della serenità, quella a cui l'eroina dà un accesso accelerato, ecco uno scopo che autorizza a calpestarne molti altri.

Come ogni amore, l'eroina inizia con una liberazione. Ogni incontro è buono nel momento in cui avviene, è il futuro che riscrive il passato. I detrattori della droga hanno spesso delle argomentazioni così sciocche che non è difficile difendere il partito opposto, pur non amando molto quegli antirazzisti che, esasperati dall'antirazzismo, finiscono per appoggiare l'estrema destra. Che rispetto dovrebbe avere Perrin per questa gente che rifiuta l'eroina per vigliaccheria, che non l'accetterebbe neanche regalata? Che credibilità hanno costoro quando parlano di droga? Certo, sarebbe più onesto non essere dipendenti dall'eroina, ma non è per onestà che gli altri non l'hanno provata. La questione non è risolvibile moralmente, razionalmente. L'eroina rende la vita migliore, ma è ancora vita quella? È segno di salute o di malattia? «La roba o la vita?». Addolcire ogni giornata con una piccola dose al mattino appena svegli è il minimo che si possa fare quando ce ne siamo garantiti la possibilità.

Perrin dovrebbe drogarsi solo quando le cose vanno bene, certo, e invece lo fa quando vanno male, avviluppato in una logica immaginaria direttamente innescata dalla sostanza. Come sarebbe ingiusto, ad esempio, rimproverare all'eroina gli effetti dell'astinenza da eroina. Che il suo difetto principale è di essere molto buona, per un po'. Che conclude a suo vantaggio qualsiasi discussione etica poiché non c'è appetito esistenziale che non sia placato da un'assunzione costante. E che, in ogni caso, se c'è del masochismo lì dentro, in quel vortice di umiliazioni e costrizioni, sarebbe masochista non lasciarsi andare. Smettere non è una presa di coscienza, semplicemente il tipico disgusto prodotto dalla sazietà. Perrin si droga per forza e per debolezza, per indipendenza e per dipendenza, per potenza e per impotenza, perché non limitarsi al termine migliore di ciascuna alternativa e farla finita una volta per tutte?

Pare che l'eroina dia consistenza a vite che ne sarebbero altrimenti prive, ma è benvenuta anche quando la vita va a gonfie vele. Quando Perrin è colto dalla bufera amorosa Benassir, trova riparo in lei come una certezza - non è il momento di smettere (quando mai è il momento di soffrire?). Per via dell'amore ma anche per la doppiezza. Se deve mentire a Kei, non vorrà interrompere l'attività che più di tutte lo allena a mentire. Non è più solo la droga a essere clandestina, è tutto il suo essere morale. La sua vita è conforme al suo vizio. È forse l'eroina l'amore della sua vita? In tal caso, restare fedeli in eterno non sarebbe troppo difficile.

Ora dopo ora, l'eroina gli liquida la vita. Ne smussa le asperità che l'amore non fa che accentuare. Ma non cancella niente, è un'anestesia permanente a cui non segue alcuna operazione, come se i suoi preparativi includessero l'atto chirurgico dall'inizio alla fine. È un'invenzione fantastica, una bomboletta spray che immobilizza colui contro il quale o per il quale è utilizzata, fosse anche in equilibrio in cima a una roccia, lasciando la sua sorte avvolta nel dubbio quando il tempo riprenderà il suo corso - salvataggio o caduta libera? L'eroina ha la capacità di paralizzare le situazioni prima ancora che si deteriorino da sé per effetto dell'abitudine. Dà a Perrin il potere di non scegliere, perché alla lunga si impone sempre la scelta di un'angoscia indolente. Perché la serenità che gli procura determina anche la sua ansia, e quella condizione artificiale svanisce in fretta, mentre lui, disperato e ridicolo come Sisifo, deve alimentare il suo sangue in eterno, finché regge il motore.

*

Perrin fa l'amore. Concentratissimo, un po' in ansia, spera di non aver ecceduto nella dose. Per il momento, il pene gli funziona. Sono entrambi nudi, distesi sul letto, si toccano. La situazione promette bene ma niente è assicurato. Quando ha voglia di un gesto in particolare in un posto, lo chiede, a parole o prendendo la mano o il viso del suo amante per farglielo compiere. Impone il suo ritmo, inoltre, riprendendo la mano che ha la velleità di dettarne un altro e mettendovi sopra la sua affinché tutto proceda secondo la giusta velocità. Spera solo di avere un'eiaculazione decente, e che l'altro non prenda alcuna iniziativa, anzi si sottometta a tale posizione, tale ritmo, tale carezza. La reciprocità lo angoscia: quel che gli dà l'eroina, non lo restituisce a nessuno. Vuole fare l'amore solo ed esclusivamente in funzione delle sue fantasie. È come se fosse già abbastanza difficile riuscirci che non c'è bisogno che l'altro complichi ulteriormente le cose con i suoi desideri. E se si mettesse a pensare che questa situazione non descrive solo la sua vita sessuale ma la sua relazione in generale, sarebbe un'ulteriore seccatura, allora si astiene dal fare tale riflessione. In fondo, perché mai la virtù dovrebbe essere appannaggio degli eroinomani?

Sono a letto, il sesso in due è un passaggio obbligato. Il suo piacere è così incerto che preferisce dedicarsi a quello dell'altro, senza particolare generosità, per farla finita senza compromettere niente e conservandosi la possibilità di ricominciare quando sarà più in forma. La necessità del piacere dell'altro non è per lui motivo di felicità né di orgoglio, ma di comodità. Solo che anche l'altro ci tiene al piacere di Perrin, è questo l'amore e lui non ne è esente. Per lui, raggiungere insieme l'orgasmo è una fantasia d'altri tempi, ma non per un innamorato che non ha castrato chimicamente la questione.

Da chi iniziare? Se si inizia dall'altro, poi l'altro, per

amore, per riconoscenza, non si dà pace finché non eiacula anche lui; riuscirci diventa allora un obbligo che non aiuta nell'impresa. Se invece si inizia da lui, non ne può più, dopo, di prodigarsi per l'altro. Ce la mette tutta, pieno di buona volontà, ma dopo un po' si sente la lingua o il polso stanchi, oppure è sfinito dalla posizione scomoda - e pensare che ha scelto la sostanza che gli organizza la vita proprio per rendergliela comoda. L'altro viene o no, cazzo? Perrin non vede l'ora che finisca ma bisogna continuare, l'amore ha le sue regole. Lui chiede solo di poter passare alla tappa successiva, dormire. Che con l'eroina non è esattamente dormire, ma l'altro non è tenuto a saperlo e lui non si fa scrupoli a restare tutta la notte solo nel suo mondo in cui nessuno ha il diritto di disturbarlo. Si sente come tanti uomini etero che pare lascino le ragazze in una condizione di disparità, la quale ha tuttavia il suo fascino quando l'altro ha ottenuto la sua soddisfazione.

A volte, il desiderio è troppo forte, non meno ossessivo, compulsivo dell'eroina. Bisogna scopare a tutti i costi perché la relazione trovi verità e quiete. Capita che sia stupendo, quando la droga lo riempie solo di serenità e di dolcezza, di affetto, senza nulla togliere alle sue capacità, moltiplicandole anzi, godendosi la particolarità del suo compagno, il fatto che sia proprio il suo innamorato a farlo stare così bene e che lui tiene tanto a fare stare bene - dei momenti rari, la cui comparsa è tanto imprevedibile quanto l'eventuale ritorno. Per una volta, esiste un nesso con gli altri, con i non-eroinomani, per cui il sesso è il culmine del piacere. In via eccezionale, Perrin si ritrova a giocare in tutti i ruoli, è il più forte. Questi momenti compensano tutto il resto, questo fine giustifica il mezzo. Dimenticate tutte quelle volte in cui sa sin dall'inizio che non arriverà a niente, che la tenera ostinazione del suo innamorato è un malinteso, una tortura destinata a fargli del bene. Le menzogne proprie a ogni vita di coppia prendono una piega esageratamente concreta: non fa che sperimentare la menzogna fisica. Lui che è innamorato con tutto il cuore, fa fatica a esserlo con tutto il corpo.

Pisciare è una soddisfazione o un fastidio, non un gesto qualunque. La sua vescica deve essere troppo piccola, Perrin non fa che svuotarla. Sa di rimanere più a lungo degli altri negli orinatoi, senza alcuna intenzione sessuale. L'eroina lo prosciuga fisicamente tanto quanto lo inonda sensualmente, beve così tanto quando la prende che l'effetto diuretico non ha niente di logico. Adora l'acqua, inoltre, con o senza eroina. Quando va in bagno per assumere la droga, non gli costa mai fatica approfittarne per pisciare sul serio - ingannerebbe anche una spia. E, quando è in astinenza, beve a più non posso per espellere il prima possibile più impurità possibili, e allora è bello pensare che non piscia inutilmente. Più urina e meglio starà. Gli capita di andare in bagno ogni quarto d'ora e quando è nel mezzo di una cena il suo compagno deve supporre che è per ricaricarsi, come se l'oggetto della sua morbosa avidità fosse la cocaina e i suoi effetti troppo effimeri. A volte percepisce questo ironico malinteso senza dissiparlo, per discrezione. Come quelli che in sua presenza elencano i pericoli dell'overdose senza accorgersi che è in piena astinenza, è per pura aggressività che li metterebbe a tacere, quegli idioti. Tanto l'eroina quanto l'astinenza moltiplicano le sue minzioni, e, in quella posizione, con le dita sul suo pene a riposo, pensa all'amore, a Kei, a Benassir, e gli dispiace che il suo organo privilegi tanto una delle sue attività a scapito dell'altra.

Un fine settimana si reca a Tolosa per un congresso universitario sull'amore in età classica e Lusiau lo accompagna. L'intenzione segreta di quest'ultimo è di incontrarsi con una ragazza laggiù e approfitta del viaggio di Perrin per giustificarsi con Ninon. L'imprevisto è che il loro spacciatore è andato, povero lui, poveri loro. Partono all'inizio dell'astinenza, uno stato in cui di solito evitano di incontrarsi per non sommare il loro sconforto. E quando per caso ritengono che sia comunque bene vedersi, è sempre con la massima libertà, a casa dell'uno o dell'altro, dove possono star male come si deve e separarsi quando è il momento. Il contrario di un aereo (il treno è troppo scomodo per un semplice fine settimana a Tolosa).

Ai controlli prima dell'imbarco rimpiangono di non avere niente da nascondere, di essere così legali. Sull'aereo, appena stretti nelle cinture di sicurezza, Perrin ha subito voglia di andare a pisciare. Questa voglia continua gli risulta così strana che non riesce a capire se è fisiologica o psicologica. Nella vita di tutti i giorni, appena vede un cesso ne approfitta, è sempre così in realtà - come fosse perennemente in viaggio ufficiale col rischio che un'occasione simile non si ripresenti così presto. Ora invece vuole alzarsi per andarci prima del decollo, ma la hostess lo fa tornare al suo posto, troppo tardi.

«Ho veramente bisogno di andare in bagno».

«Aspetti qualche minuto, signore», gli viene risposto fermamente.

«Sì dai, bisogna rilassarsi per queste cose, prendersi il tempo necessario, non essere troppo precoci. Più trattieni meglio è», dice Lusiau insistendo su «queste cose» per alludere sia all'atto di urinare che all'organo adibito a tale funzione.

Sanno entrambi che devono sforzarsi di essere allegri il più possibile, se no si mette male.

D'altronde, fino a che punto Perrin ha voglia di pisciare? Né più né meno rispetto al solito. Solo che adesso ha in testa l'idea e la sua realizzazione proibita. Come se non bastasse non poter prendere eroina, non può nemmeno espellerla. Sembra una punizione: sei stato felice grazie all'eroina, sarai infelice a causa dell'eroina. Hai goduto grazie al pene, soffrirai a causa del pene. Una lezione.

«Pensa a Benassir, pensa a Kei, un'erezione e tutto si risolverà», gli dice Lusiau.

Perrin si vergognerebbe se arrivasse a tanto: come se la presenza dei suoi innamorati lo disturbasse e la loro assenza lo eccitasse. Ma, ad ogni modo, la sola forza del pensiero non basterà e, se deve aiutarsi con le proprie mani, su questo aereo lo si può fare solo in bagno e allora perché non urinare, molto semplicemente?

«Male che vada ti pisci addosso», continua Lusiau sghignazzando. «Sono sicuro che hai già fatto questo genere di cose».

Lusiau invidia al suo amico una sessualità che immagina stravagante, gli omosessuali si portano spesso dietro questa fama che Perrin rafforza con la sua doppia vita da fornicatore.

«Mai in circostanze come questa».

«Eppure un aereo è il luogo ideale per toccare il settimo cielo».

«Di sicuro mi piacerebbe molto essere fra le nuvole... ma no».

«Sniff sniff», fa Perrin imitando la voglia di piangere in un modo tale che fa ricadere implicitamente la conversazione sull'eroina dove sono nella stessa situazione, non c'è da ridere solo di lui.

«Sniff sniff», fa Lusiau, che ha colto il messaggio.

Si sforzano di fare i ragazzini, la droga è più adatta ai giovani, e il buonumore, finché c'è, è il miglior rimedio contro l'astinenza. Non si addormentano, cadono in quel torpore pesante, fatto di brividi e di sudore, tipico del loro stato. Quando Perrin apre infine le palpebre, il segnale che indica di mantenere le cinture allacciate è spento. Si alza, felice di potersi sciacquare anche un po' il viso. Ma c'è fila davanti al bagno e non è ancora il suo turno quando l'aereo inizia a scendere ed è richiesta la sua presenza sul sedile.

Non si sa come, Lusiau, uscito a sua volta dal rimbambimento, capisce subito che la situazione urinaria non è cambiata di una goccia e continua con il suo scherzo:

«Ancora niente? Sei una bomba a letto».

Perrin trova sollievo all'aeroporto di Tolosa. Ci mette tantissimo, come sempre dopo essersi trattenuto. Lusiau si sbellica dalle risate mentre lo aspetta e lui si lascia coinvolgere da questa ilarità forzata.

«Cazzo che vergogna essere al cesso e non avere niente di meglio da fare a parte pisciare», dice Perrin passandosi il dito sui baffi inesistenti, come Humphrey Bogart ma un tantino più su, appena sotto le narici.

«Io invece, credo di avere qualcosa di peggio da fare», dice Lusiau, perché chi è soggetto all'astinenza spesso lo è anche ai disordini intestinali.

C'è un che di sinistro nel dover essere allegri a ogni costo. Devono continuare a considerarsi dei privilegiati, altrimenti non gli resterebbe che vedersi come delle vittime.

Poco prima della presentazione generale e del suo intervento, Perrin è di nuovo nei bagni dell'università.

«Ero sicuro di trovarti qui», dice Lusiau facendo la sua comparsa lì dentro.

Non dovrebbe essere lì, ma non ha funzionato con la ragazza, l'impotenza tipica delle prime ore di astinenza. Così Lusiau ha preferito andarsene, non se la sentiva di sopportarla senza sesso nelle sue condizioni. Non ha più alcun motivo di restare a Tolosa. Si sapeva, gli eroinomani non brillano nel turismo sessuale.

Perrin è concentrato sulla sua azione. È pur sempre il suo cazzo che ha tra le mani mentre piscia, non è una cosa da niente. Anche se, lì per lì, non è un granché. Il suo sesso è tutto rattrappito, urina a tratti, come se i suoi nervi influissero sulla larghezza dell'uretra. Cerca di concentrarsi su quel che lo aspetta dopo, stare composto durante la presentazione dei congressisti, non mandare all'aria il suo intervento. Rimesso dentro l'uccello e riabbottonatosi, ecco che Lusiau comincia a sfotterlo.

«Che c'è?»

«Guardati i jeans, l'hai sparsa ovunque».

Non è uno scherzo e Perrin sta per scoppiare in lacrime. Ha tutta la parte esterna della patta macchiata, un'umidità visibile che cola giù in penosi rigagnoli, fino alle ginocchia. Tuttavia, dopo qualche attimo di difficoltà, scoppia a ridere, è la cosa migliore che può fare. Non ha i pantaloni di ricambio, tutto si preannuncia ancora più complicato.

«Aspetta», dice Lusiau mentre passa le mani sotto l'acqua come per lavarsi, ma in realtà lancia addosso al suo amico tutto il liquido trattenuto nei palmi.

«No ma sei proprio un coglione», dice Perrin, i cui nervi già a fior di pelle saltano definitivamente al contatto con tutte quelle gocce d'acqua supplementari.

Ha la camicia, la giacca e i pantaloni fradici. È accaduto quel che più temeva, e cioè che l'eroina danneggi non solo la sua vita personale, ma anche quella professionale, che colpisca la sua posizione sociale, così come sta facendo inevitabilmente l'assalto congiunto dell'astinenza, del piscio e dell'acqua. Sa bene che figura farà, quella di un tipo che non riesce a darla a bere. Cerca di controllarsi ma potrebbe scoppiare in lacrime, per quale assurda ragione ha accettato di venire a questo congresso del cazzo?

«Non piangere», dice Lusiau calmo e sorridente. «Così nessuno può vedere che sei coperto di piscio, sei pieno d'acqua».

Perrin capisce che è vero, si rassegna, ed è il primo a credere di essere inzuppato solo di un liquido accettabile mentre si avvicina al grande tavolo sulla pedana, dove sono riuniti i partecipanti. Ha inizio un discorso così interminabile da acquisire una certa qualità, i vestiti di Perrin si saranno asciugati prima che sia finito. Ma lui non riesce a tenere gli occhi aperti. Le palpebre, che all'apice dell'eroina gli si abbassano meccanicamente rendendolo così felice, ecco che ora agiscono nello stesso identico modo senza che ciò gli apporti la benché minima soddisfazione. Si appisola, non sente niente, è sudato fradicio. Non vede l'ora di potersi alzare. Viene svegliato dagli applausi a cui unisce i propri, tutto intorpidito per essersi addormentato seduto su una sedia, con la testa tra le mani e i gomiti sul tavolo, a dispetto di ogni decoro universitario.

Un'ora più tardi, dopo aver disertato l'intervento di un collega e saltato quello di un altro per passarsi un po' d'acqua sul viso in bagno, tocca a lui. Entra nella sala dopo aver fumato una canna fuori con Lusiau - che evidentemente non ha fatto fiasco totale con la ragazza - e dato un ultimo sguardo agli appunti. In genere preferisce non avere un testo redatto, per evitare che la lettura susciti quel senso di noia che ha appena provato, ma, nel suo caso, qualche pagina scritta al computer che non dovrebbe fare altro che leggere, anche con tono monotono, sarebbe una benedizione. Almeno, saprebbe da dove iniziare. Non ricorda più il titolo dato alcuni mesi prima, quando gli fu richiesto dagli organizzatori per stampare i programmi. Qualcosa del tipo «Da *Don Giovanni* a *Manon Lescaut*». Ciò che gli piaceva, allora, era l'immagine del seduttore e della seduttrice all'epoca, l'immagine del desiderio e del piacere a seconda che siano ispirati dal maschile o dal femminile - quel genere di idea da congresso che non ha nulla a che vedere con la sua preoccupazione del momento. Sta male come non mai, ha la mente a spasso, non si sente molto né semiologo né teorico.

«Non diciamo niente quando diciamo che Manon Lescaut è l'amore della vita di Des Grieux», dice Perrin non appena è dietro il pulpito, colto da un impulso improvviso. Quale amore? Quale vita?

Si vergogna delle sue tecniche retoriche. Guarda Lusiau che è entrato nella sala per ascoltarlo, si aspetta di vederlo ridere, ma nient'affatto. Il suo amico, anzi, che prima si era stravaccato, si raddrizza sulla sedia con aria affascinata, rapita, colpito dalle sue parole.

Perrin ha i suoi amanti e i suoi amori, ma sembra propendere più per Des Grieux che per Don Giovanni - non ha la sua roba.

«Amare è non avere scelta. Des Grieux è spinto fuori di sé, in un altro sé di cui non aveva fino allora la minima idea, ignorando che l'umiliazione fosse il suo mondo poiché non gli era ancora stata data l'occasione di immergervisi. Lì si sente come un pesce nell'acqua stagnante. Amare, per lui, è un pegno morale: la rapina a mano armata non era proprio il suo forte, che ne avrebbe saputo della polizia, della truffa al gioco, del furto e della prigione se non avesse mai incontrato Manon? Senza di lei, che ne avrebbe saputo del masochismo, della felicità e della decadenza? Come scoprire che si è destinati al masochismo, come imbattercisi lungo la strada se si è un giovane di buona famiglia?

Si ferma per bere e per riflettere al seguito. Due, tre

sorsi e ricomincia. Sente che è un successo. L'astinenza lo rende emotivo, intimo, fa trapelare qualcosa della sua emozione e della sua personalità. Per stavolta, il suo fallimento sociale è rimandato.

Quando infine ripiega le sue tre pagine di appunti per rimettersele in tasca senza essersi dilungato oltre il tempo stabilito, applaudono in molti. Ha la sensazione che, a dispetto del titolo del suo intervento, abbia privilegiato per puro narcisismo Des Grieux su Manon Lescaut e Don Giovanni, e che sia proprio questo a essere piaciuto al pubblico.

«Si vedeva che era teso», gli dice un collega sconosciuto mentre lui si asciuga il sudore dopo aver finito, come se l'eroina evaporasse attraverso gocce d'acqua sulla sua pelle. «È per questo che è andata così bene. Bravo».

«Bravo», dice Lusiau. «Si vede che sei in forma. Bella idea, quella di amore della propria vita, ma sarebbe bello anche poterla ridurre in droga, ridurla o svilupparla, trasformarla».

Resistono fino al rientro a Parigi, aiutati dal tocchetto di fumo che devono finire prima di tornare in aeroporto e soprattutto da una telefonata, una delle molteplici piste attivate che infine dà segni di vita. Ci andranno direttamente da Orly. Quell'astinenza li ha colti di sorpresa, non c'è motivo di rimanerci troppo attaccati. Andare a procurarsi la merce ora che sono quasi puliti non significa rinunciare, dal momento che non avevano intenzione di ridiventarlo così in fretta, puliti, è stato deciso loro malgrado. Sono così buoni amici e così buoni amanti che avere lo stesso amore nella vita li fa sentire ancora più uniti.

*

La situazione esplode a causa di un'indiscrezione. Tutt'a un tratto Kei capisce come stanno le cose e molla Perrin. Il quale si ritrova Benassir come unico innamorato, una situazione più gestibile. Ma perde Kei. Perrin è disperato, anche perché la rottura avviene quando non sta ancora benissimo, debilitato ora dall'eroina ora dall'assenza di eroina. Potrebbe decidere di ricaderci per combattere la notizia, come se una disgrazia lo autorizzasse a una compensazione, come funziona da anni - ma ha subito la sensazione inconscia che la notizia non è poi così deplorevole nel lungo periodo, se può permettergli di ritrovare un equilibrio, e prendere le cose ora dopo ora si rivela ancora una volta il modo migliore per non schernire il lungo periodo.

Perrin lascia l'eroina ed è lui a essere lasciato. Quando l'altro lo manda al diavolo per telefono prima di tornare in Giappone, non sopporta l'idea di non rivederlo mai più, non riesce a crederci. È talmente ovvio che Kei gli mancherà.

Non può fare altro che convincersi della verità della disperazione, come se avesse passato la vita a scansarla e, quando infine appariva, sebbene provocata da un fenomeno puramente chimico, gli crollava addosso la realtà immutabile, che dilagava per farlo naufragare, come fosse la realtà e non l'astinenza a farlo contorcere. Ogni ricordo felice è spaventoso in quanto porta con sé l'impossibilità del suo ripetersi, del suo rinnovarsi. E la droga stessa, che ha potuto essere segno di forza e di salute in gioventù, diventa malsana e vile ora che dovrebbe profilarsi la maturità. La benevolenza chimica dell'eroina lo proteggeva dall'acredine (e dalla riflessione, dal dal pensiero), bisognerà trovare un metodo più ponderato, più naturale. Ma lui è attaccato alla vita, è dipendente anche dall'istinto di sopravvivenza. La procrastinazione si rivela la sua benevola nemica quando si tratta di liberarsi dell'eroina e non è mai il momento di affrontare la prova. Essa ha i suoi lati positivi quando morire è la cosa a cui non ci si può sottrarre e quando la migliore strategia è rimandare eternamente la morte al giorno dopo. Anche per l'eroina, in fondo, sarà sempre in tempo domani.

L'amore è un surrogato. Ma, come per il metadone e simili, si finisce per trafficare con i surrogati. A forza di strumentalizzare nella sua testa l'idea stessa di amore della sua vita, Perrin lascia che il sogno si sostituisca alla realtà, e il suo innamorato, in quanto persona reale, fatica chiaramente a trovare il suo posto lì dentro. Kei lo lascia e l'universo si sgretola. Deve aver sbagliato da qualche parte. Viveva con due amori più l'eroina perché era possibile. Ebbene no, non lo è. Ma non viveva poi così felice, quindi il fallimento ha qualcosa di buono. L'errore ha qualcosa di buono: non era questa, la bella vita, può sicuramente trovare di meglio.

Stop

Diversi esseri a lui cari sono morti, ormai, ma è svegliandosi un mattino che scopre i limiti dell'eternità. Tutti quei secoli di umiliazione e di dipendenza a venire, tutt'a un tratto, basta. Perrin sogna un orizzonte senza eroina, un divorzio insomma. L'ambizione sarebbe che vi fosse un comune accordo tra tutte le parti del suo corpo e del suo cervello, l'avvocato da chiamare in questo genere di cause è un medico.

Lui non ha più un medico di base. Si rivolge a uno specialista per una malattia rara, ma non grave. Va a farsi visitare, descrive il suo nuovo problema e il suo obiettivo, far scomparire l'eroina dalla sua vita. Il costoso specialista gli dà un altro appuntamento, che non è ciò che lui cerca. A questo secondo appuntamento si fa ancora più esplicito ma lo specialista tergiversa, rimanda, come se avesse paura di perdere la sua clientela indicandogli un altro medico - ed è proprio ciò che accadrà. Perrin insiste a tal punto che finisce per ottenere un nome e un numero di telefono, uno psichiatra da cui va in ospedale.

Questo psichiatra gli è immediatamente antipatico perché lo riceve solo per tre minuti dicendogli a sua volta di tornare la settimana dopo. È come se l'ospedale facesse una selezione delle richieste, per dare il suo imprimatur terapeutico solo a quelli che mostrano un impegno sufficiente nel perder tempo a raddoppiare le visite. Perrin ci torna comunque la settimana dopo, facendo notare all'analista che questi non si aspettava di rivederlo. «Non ho pensato nulla del genere», dice l'analista. «Era lei ad essere indeciso». A Perrin dà fastidio questa psicanalisi da quattro soldi, quando invece la sua esorbitante volontà era chiara sin dal primo giorno, gli sembra che la cosa non prometta niente di buono. Tuttavia, a quest'altro appuntamento di tre minuti, ottiene un altro nome e un altro numero di telefono.

La dottoressa Darboy è una donna un tantino più vecchia di lui, il cui ascolto e i cui discorsi lo convincono, sin dal primo appuntamento, che il suo tortuoso percorso medico sia giunto a buona destinazione. È voglioso di sottomettersi a un medico, lungi da lui qualsiasi atteggiamento ribelle. Gli fa strano parlare dell'eroina come di una malattia, d'altronde non arriva a tanto. È un piacere che fa fatica a controllare, c'è un problema di dosaggio. Poco importa, del resto, comunque sia vuole sbarazzarsene. È lì apposta, in quello studio con una finestra che dà su un giardinetto che avrà tutto il tempo di vedere crescere, stagione dopo stagione e anno dopo anno, nel corso dei suoi molteplici appuntamenti. È saggio affrontare l'astinenza, l'astinenza definitiva, senza rimedio, in pieno inverno, quando fuori è freddo e triste, con il rischio di essere trascinati ancora più in basso e di dover sprofondare di nuovo per riemergere, suggellando così il sicuro fallimento del suo nobile tentativo? Primavera, estate e autunno hanno anch'essi i loro argomenti specifici a sfavore.

Una malattia, tutto sommato, in quanto esce dallo studio con una ricetta medica, con cui consolarsi quando il corpo lo abbandonerà. Sta di fatto che funziona. Quei quattro giorni di astinenza fisica che di solito gli risucchiano tutto il coraggio e non solo, stavolta li supera senza fatica. È come se fosse ricompensato della sua confessione, come se accettando la possibilità della malattia accettasse anche quella della guarigione. Dunque, così tante volte ha sofferto inutilmente non prendendo niente secondo una strategia talmente sciocca che la dottoressa Darboy all'inizio ha creduto che mentisse, sono anni ormai che esistono le molecole che stroncano sul nascere la maggior parte di quegli effetti devastanti. Ma, secondo un procedimento familiare, la facilità e l'efficacia della terapia tolgono ogni carattere di gravità al suo disturbo, se è così semplice farlo cessare. Se l'astinenza non è più il passaggio obbligato per sbarazzarsi dell'eroina allora la necessità di sbarazzarsene è meno forte, se è così facile. La seconda volta, però, gli sembra che le medicine facciano meno effetto. La terapia è come l'eroina stessa, era sempre meglio prima. Prima di averla provata, in realtà. Lo sverginamento, la novità, sono parte integrante del fascino, e qualsiasi imbecille non ha bisogno in genere di anni di intossicazione per capire che la prima volta non la si ritrova tentando continuamente di riviverla.

Si smuove qualcosa con la dottoressa Darboy. Perrin è a suo agio, si sente capito, e questo gli permette di essere sufficientemente sincero, come se solo la stupidaggine del faccia a faccia lo costringesse a un pudore controproducente. Dice tutto il bene che pensa della sua ultima trovata a Lusiau, il quale, stufo anche lui della dipendenza, diventa paziente a sua volta.

«Lei non ha la struttura psichica di un tossicodipendente», gli dice la dottoressa un giorno in cui, guarda caso, il paziente precedente era Lusiau, incrociato poc'anzi, e così, nonostante la discrezione di lei, Perrin interpreta questa diagnosi come il contrario della precedente - di cui tuttavia non sa nulla.

C'è da credere che Perrin sia pronto ad accoglierle entrambe, la tossicodipendenza di Lusiau, e la non-tossicodipendenza sua, che in fondo sia convinto di una cosa del genere. Come se la sua indifferenza verso il mondo, la sua incapacità di afferrarlo, tutte queste cose che pretende di curare con l'eroina, alla fin fine le applicasse anche all'eroina. Probabilmente non perché ci è dentro fino al collo, ma perché, dopotutto, quella non è la sua vita e nemmeno il rimedio alla sua vita. Quando la dottoressa Darboy accenna ai surrogati, lui risponde che è l'eroina il surrogato, e che non ne vuole più, di surrogati.

«Vasto programma», dice allora lei parodiando allegramente il generale de Gaulle.

*

Perrin non decide di smettere con l'eroina così, dall'oggi al domani; decide di provare, ed è già una gran risoluzione. L'eroina non è una malattia ma un malessere, bisogna aspettare che passi, urge aspettare che passi. Come in psicanalisi, perderebbe solo tempo a voler affrettare il momento giusto - a tentare di precipitare l'istante finale - non ci arriverebbe mai.

Con Lusiau restano discreti circa le loro intenzioni, le condividono poco. Una volta presa la decisione di provare a smettere, ognuno fa da sé. Non bisogna parlarne, altrimenti va a finire come con Lucien, ognuno trascinerà l'altro verso la redenzione, ossia la ricaduta.

«Cazzo, non va affatto bene», gli dice Lusiau con il tono e il sudore freddo dell'onestà. «Non è che hai un piano?».

Se anche ce l'avesse, Perrin si vergognerebbe a dirglielo proprio quando il suo amico sta quasi per uscirne, perciò gli fa la predica dicendogli che non deve chiedergli niente, non deve metterlo di fronte a questa scelta: mentirgli e lasciarlo nella sua merda passeggera, o aiutarlo e lasciarlo nella sua merda duratura. Il risultato è che quando lui stesso vi allude, non osando, a causa delle sue stesse raccomandazioni, chiedere apertamente un aiutino a Lusiau - il che significa che sta da cani o quasi, e che il più piccolo milligrammo sarebbe un dono dal cielo - non ottiene mai nessuna risposta, secondo quella stupida regola da loro decretata, che Lusiau non è così scemo da trasgredire in questo senso, per poi farsi anche rimproverare. Quindi, in pratica, ognuno si cura per i fatti suoi, visto che il successo dell'uno può solo incentivare il successo dell'altro, ma il fallimento individuale comporta lo stesso rischio comune. In realtà non si curano: cercano di smettere, un compito coraggioso che dovrebbe suscitare l'appoggio di tutti coloro che gli stanno intorno, quelle stesse persone che il più delle volte li esasperano limitando, se non addirittura censurando, la loro libertà di imbottirsi. Tutto è virtù nell'eroina: farsi, smettere di farsi o anche solo provarci. Tutto è dovuto agli eroinomani: per non rovinargli la dose o per non annientare i loro sforzi di non farsela.

Perrin patisce. La giornata la passa in uno stato semi-comatoso, sofferente, nella disperazione più totale. In genere si organizza persino le astinenze, per far sì che non capitino in un giorno socialmente stabilito. I week-end sono l'ideale perché può restare a casa a trascinarsi al riparo da ogni sguardo. In piena deriva, non riesce a leggere nient'altro che gialli o fumetti, cose già lette, di cui sa già che sono abbastanza allegre per non buttarlo ancora più giù. A volte, anche la tv è troppo: tutta quella idiozia mentre lui soffre così tanto, proverebbe lo stesso disgusto davanti a gente tanto compassionevole da ingozzarsi durante un interminabile banchetto organizzato per raccogliere fondi contro la fame nel mondo.

Ma capita anche che uno spacciatore si faccia arrestare senza preavviso, il coglione, e che lui debba affrontare l'astinenza nel bel mezzo della settimana, fare lezione in condizioni non proprio ideali. Pensava di non farcela e invece sì, era così concentrato sul suo lavoro che le ore sono passate più facilmente rispetto al solito. Quando ha finito la lezione era in un bagno di sudore, con la camicia tutta appiccicata al corpo e il fazzoletto fradicio a forza di asciugarsi la fronte grondante. Ma contento, e quasi triste di avere già finito e di dovere aspettare il giorno dopo per ritrovare un oggetto di attenzione diverso dal suo collasso.

Difatti, quando è così, nulla è paragonabile alle sue

notti, alla sua notte eterna. Ha passato la giornata esausto, sforzandosi di tenere gli occhi aperti, l'esatto contrario di quei momenti così piacevoli quando è completamente fatto e tenere aperte le palpebre è uno sforzo che è ben contento di non riuscire a fare, segno che tutto va bene, che rischierebbe un'overdose se andasse meglio, come se avesse raggiunto un assoluto: ecco esattamente il massimo che può assumere senza pericolo di morte immediata. No, adesso è il massimo di ciò che può assumere senza rischiare il suicidio immediato. E quando arriva un'ora decente per andare a letto, ecco che tutto si scatena, la sua energia sembra essersi preservata per sfogarsi infine liberamente. È un'orgia di movimenti. Ha i nervi talmente a fior di pelle che non spera minimamente di poter placare questa foga abominevole. Ci prova solo per un istinto di sopravvivenza immediata, cerca giusto di superare quell'istante per passare a quello successivo. Disteso sulla schiena, può alzare le gambe e mettersi a pedalare su una bici immaginaria - in realtà, non può fare a meno di farlo - e ha l'impressione di metterci abbastanza energia per fare il giro della Terra e in effetti è così, ha fatto il giro del mondo per ritrovarsi nello stesso punto, nella stessa situazione, con lo stesso surplus di energia. Anche il suo cervello va al massimo, esplorando tutti i meandri del disastro, quella vita ormai fottuta, svanita, quel paradiso in cui non conosceva l'eroina e che nemmeno i più grandi scienziati potrebbero far risorgere, quel paradiso che nel suo stato di drogato normale, sazio, non gli sembrava più paradisiaco di quello di un uomo tradito, infelice in amore, che crede di rimpiangere i tempi tutt'a un tratto beati di quando era vergine. È come se l'astinenza fosse un'anfetamina che permetta di restare il più a lungo possibile nella massima disperazione possibile.

Nessuna nobiltà, inoltre, in questa prova che ha voluto lui, come le vittime dell'AIDS che muoiono senza raccogliere la stessa commiserazione di chi cade sul campo di battaglia, come sono puniti i malati di cancro ai polmoni che non si sono decisi a smettere di fumare.

*

Una sera vanno a caccia insieme. Dovevano vedersi per cena, ma disdicono entrambi senza esplicitarne il motivo che in fondo è lo stesso: stanno troppo male per sommare le loro sofferenze. Alle ventidue e trenta, l'altro, che ha capito, chiama:

«Pronto, sono Lusiau, così non ce la faccio, conosco un posto verso Château-Rouge dove la troviamo a colpo sicuro, ci mettiamo al massimo mezz'ora. Sono pratico di lì, lo faccio regolarmente. Passo a prenderti in macchina tra un quarto d'ora».

«Ok», dice Perrin.

Lo dice per amicizia - se Lusiau chiama, è perché ha bisogno della sua presenza per questa battuta di caccia - e per necessità - è solo quando non ha alcun modo di trovarla che può fare a meno di prendere eroina, ma è impossibile resistere di fronte a un venditore a domicilio.

A Château-Rouge, si scopre che la presunta conoscenza del luogo da parte di Lusiau non equivale a una transazione assicurata. Non è come nei film o negli articoli di giornale, non basta guidare a passo d'uomo per individuare subito uno spacciatore. Per di più, loro preferiscono non scendere dall'auto, per non correre il rischio di farsi aggredire. Il posto è malfamato, non a caso sono lì. Decidono comunque di scendere, dalla macchina non funziona. Ma non possono abbordare il primo che capita sul marciapiede per proporgli una piccola transazione illegale di cui sarebbe il beneficiario. La situazione ridicola continua, con loro che vanno su e giù per le stesse strade a passo lento senza sapere più come riuscire a identificare un eventuale spacciatore. Piuttosto dovrebbe essere il tipo ad abbordarli, ma devono avere proprio l'aria di due sbirri in borghese, come vicino alla stazione di Madrid. Sono nuovi nel quartiere, a Perrin sorge il dubbio che Lusiau si sia inventato le sue storie di acquisti precedenti, non c'è da stupirsi se la gente è diffidente.

«Torniamo a casa? Non la troveremo mai».

«Non avere fretta», dice Lusiau che l'ha portato fin lì nella sua macchina, che tiene sotto controllo l'orario.

Tossicodipendente, non-tossicodipendente: a Perrin sembra di cogliere meglio la differenza. Lui, riesce ad abituarcisi.

Preferisce passare l'astinenza a casa sua, secondo i riti da lui stabiliti, senza novità, senza speranza. Se deve finire per non trovare eroina, tanto vale non cercarla. Tanto vale accontentarsi del suo penoso destino, una caccia senza risultati può solo aggiungere un ulteriore strato di pena, di sofferenza. È questa ciò che lui chiama la riserva borghese della sua decadenza.

«Prima di mezzanotte e mezza, l'una, c'è ancora troppo movimento, i ragazzi tengono gli occhi bene aperti. La situazione si calmerà» dice Lusiau.

«Allora non valeva la pena arrivare così presto», dice Perrin col sorriso, perché in fondo, se non fosse lì, sarebbe a casa sveglio a torturarsi nel letto, e poi non è venuto per litigare.

A tratti, si sentono davvero dei cacciatori, come degli stupratori assetati di sesso o dei rapinatori in cerca di grana. Conoscono la loro preda, una polvere bianca così rilassante, ma, in questo preciso luogo e istante, non sanno da chi andare a leccare i piedi per aprire la stagione.

Non parlano, ognuno conosce l'incubo che vive l'altro. Ognuno si sforza di non manifestare una disperazione peggiore di quella dell'altro. Potrebbero piangere, dalla tristezza, dalla rabbia, dalla disperazione, dall'onestà. Questa notte più buia che mai porge loro uno specchio.

«Cazzo, niente da fare», dice Lusiau alle due.

Nelle macchine c'è solo la polizia, e loro che vi sono risaliti per perlustrare la zona. A forza di incrociare lo stesso veicolo, va a finire che si fanno controllare. Tutto fila liscio. Almeno non temono di farsi trovare con addosso l'eroina.

Alle tre meno un quarto, Lusiau lascia Perrin sotto casa sua, là dove gli aveva dato appuntamento quattro ore prima. Non hanno ottenuto niente, ma intanto sono passate quattro ore.

*

Al tempo in cui l'eroina non era un problema - quando poteva procurarsene tanta quanta gli permettevano le sue risorse finanziarie senza che ciò pesasse consapevolmente sulla sua mente né sul suo organismo - è capitato a Perrin di comprare così, per curiosità, un farmaco da banco di cui gli era stato detto che, assumendone una dose tre volte superiore, si otteneva un effetto molto simile a quello della sua droga. Lo divertiva fare la prova, rivelatasi convincente solo a metà. L'effetto non è esattamente lo stesso: si sente meno sballato e per di più gli pesa sullo stomaco, creando un'atmosfera meno tranquilla. In compenso, non c'è paragone in fatto di prezzo. Ciò non toglie che, finché può, preferisce pagare il massimo per il massimo della soddisfazione.

Ora che vuole smettere, ci si getta sopra un giorno in cui sta male e, non riuscendo a contattare uno spacciatore, dice a se stesso che in fondo è comprensibile aggrapparsi a un farmaco, che è più scusabile, più etico. Avrebbe potuto chiedere di nuovo i suoi prodotti anti-astinenza alla dottoressa Darboy (di solito ne fa incetta per evitare di rimanere senza, ma in quel caso non ha potuto fare a meno di dare tutto ciò che gli restava a un amico che glieli chiedeva sforzandosi di fargli pena), ma non è in astinenza fisica, sta solo male. Preferisce conservarsi la chiamata d'emergenza alla dottoressa per un'occasione migliore.

Non è nel suo quartiere, entra in una farmacia che non conosce. Fa il suo ordine, facile come chiedere un'aspirina o della vitamina C.

«Vado a vedere, non so se me ne restano», dice la farmacista con un'odiosa aria sospettosa. «No, non ne ho più, mi dispiace», dice tornando con un tono che mostra il contrario.

Perrin va su tutte le furie. Vorrebbe sbattere la porta uscendo se non fosse una porta a vetri che non si presta molto a essere sbattuta, come spesso nelle farmacie, che sembrano costruite apposta per proteggersi dallo sbattere di porte e dai clienti furiosi, come se la loro missione principale non fosse quella di offrire un servizio. È talmente fuori di sé che non è riuscito a rispondere una sola parola sgradevole. A dire il vero, non gliene vengono nemmeno a scoppio ritardato. Quella donna l'ha preso per un drogato, è questo che non riesce a sopportare. Come si può essere così stupidi? Come si può essere farmacisti e conoscere così male il mondo e la vita? Gli sembra una questione esistenziale di primaria importanza a cui non troverà mai una risposta. Il fatto poi che lei, avendolo intimamente identificato come un drogato, abbia scelto di non aiutarlo lo scandalizza infinitamente meno. Le farmacie certo non mancano, e lui non si farà sbattere fuori a ogni angolo di strada, questo la farmacista riluttante lo sa bene. Odia questa comunione in cui sia lei che lui conoscono il vero uso di quel farmaco.

Non è la prima volta che crede che la medicina passi, nei suoi confronti, da un'arma contro le malattie a un'arma contro ciò che essa chiama i malati. Detesta quando alcuni amici, con la scusa di essere in buona fede, gli dicono di prevenire una possibile operazione, che si dovrebbe evitare che la morfina smetta di essere un analgesico per lui, a forza di assumere eroina, e che soffra più di quanto dovrebbe. Lo detesta perché gli sembra un consiglio e i consigli, contro l'eroina, non funzionano. E poi c'è quel dottore che ha rivisto per le emorroidi quando la dottoressa Darboy era in ferie. Aveva lasciato perdere il dottor Butten, ma ci è tornato spinto dalla necessità, pensando che l'altro gli avesse perdonato il tradimento. La visita si è svolta normalmente, con l'imbarazzo legato all'auscultazione di quel disturbo, finché, di domanda in domanda, finisce col dirgli che si fa di eroina - non che è malato, né che è dipendente, semplicemente che la assume, «un po' come tutti», stava per aggiungere. Più sprezzante di uno spacciatore, il medico gli ha detto: «Poveri voi», e Perrin si è ugualmente ritrovato a corto di risposte, deciso solo a non tornare mai più dal dottor Butten.

Per coincidenza, Lusiau lo chiama per chiedergli informazioni sul farmaco da banco di cui conosce l'esistenza ma ha dimenticato il nome. Perrin glielo dice. Un quarto d'ora dopo, Lusiau richiama: non ha avuto alcuna difficoltà a trovare le pasticche, ma le ha rimesse tre minuti dopo averle prese. In fatto di eroina, funziona solo l'eroina. Prendere o lasciare.

Mica scemo: Lusiau organizza una mostra sull'eroina e svolge le ricerche come gli pare. Non è il momento di rimproveragli di prenderne un po' per l'occasione, Ninon è avvisata. Ha incontrato Kader in qualità di spacciatore e gli viene l'idea di usarlo anche come modello. Il ragazzo è lusingato che si scoprano in lui delle competenze che vanno al di là della droga, e a Lusiau non dispiace che il rapporto s'inverta e che sia lui a ritrovarsi nel ruolo di spacciatore, artisticamente parlando, lui a fornire il lavoro. Ha trovato il modo di unire il l'utile al dilettevole, e se ne vanta con Perrin siccome, naturalmente, tutto è predisposto per far sì che le sedute di posa si svolgano nel più piacevole dei modi, con qualche grammo in circolazione qua e là. Kader diventa anche lo spacciatore di Perrin, sobriamente, senza scambi artistici. Vanno d'accordo, a volte passano la serata insieme tutti e tre, quando Perrin va a prendere Lusiau all'atelier e non hanno ancora terminato il lavoro.

Perrin tuttavia ne ha fin sopra i capelli. A volte, quando ascolta Lusiau o Kader parlare della merce, prova un tale disgusto da essere lì lì per vomitare, come invaso da una vergogna fisica e metafisica al tempo stesso. Che ne fa della sua vita, che ne fa del suo corpo. Ma è lì lì, gli ci vorrebbe un'altra spintarella perché tali sensazioni si trasformino in atto. È l'opposto di quelle scopate di una notte e via in cui c'è sempre uno che vorrebbe che la cosa continuasse, che sfociasse in altro - Perrin vorrebbe che la separazione durasse. Ne ha abbastanza di quelle giornate di astinenza che si concludono con una scorpacciata di roba che porta poi a nuove giornate di astinenza e così via, *ad libitum*, *ad nauseam*. Gli serve un aiuto esterno per porre fine a questo ciclo, ma ignora quale, un intervento magico o almeno uno che lui riesca a rendere tale. La medicina non basta.

Per tutto ciò che riguarda la consegna, si vede spesso con Kader senza Lusiau siccome il ragazzo gli porta la bustina a casa. Chiacchierano un po', come si fa con uno spacciatore, tanto più che c'è una certa complicità tra loro tre, e Kader non ha a che fare solo con la droga ma anche con l'arte. Perrin si sottomette per educazione a ciò che resta per lui un protocollo: detto altrimenti, quel che gli più gli interessa una volta che Kader gli ha procurato la merce, anche se non lo dà a vedere, è che il ragazzo sloggi al più presto. L'eroina è un'intimità ampiamente sufficiente tra di loro. Basterebbe che Kader si presentasse una sola volta a mani vuote per trovarlo subito meno simpatico.

Quel pomeriggio, Kader gli parla della sua ragazza, gli dice che è incinta e che non sono pronti, che deve abortire. Perrin ascolta distrattamente, ha come l'impressione di cogliere ciò che si nasconde dietro quelle parole: Kader avrà anche posato nudo davanti a lui e a Lusiau qualche volta, ma attenzione, è comunque etero a tutti gli effetti. I marchettari lo hanno abituato a questi modi di fare, studenti che telefonano alla propria ragazza prima di andare a letto con lui per dimostrare che lo fanno solo per pagarsi gli studi, che hanno ben altri gusti. Kader però torna sull'argomento prima di andarsene, parlando dei soldi che gli mancano per l'aborto, e Perrin capisce che ha interpretato la cosa per il verso sbagliato: in realtà, l'altro vuole un po' di grana, più di quanta riesca a farne con i suoi traffici abituali. Perrin è sconcertato. Kader non è un amico, è un semplice fornitore, non avrebbe il diritto di entrare nella sua vita privata, a maggior ragione finanziariamente.

«È molto complicato», dice il ragazzo come se l'aborto fosse ancora illegale e alla sua ragazza non restasse che affidarsi a una fattucchiera assetata d'oro.

Perrin preferirebbe molto semplicemente che i prezzi

fossero aumentati, sarebbe tutto più chiaro. Questo episodio economico-sentimentale lo mette a disagio. Tira fuori cinquanta euro dalla tasca e li dà a Kader dicendo che gli dispiace. Lui finalmente se ne va, e nessuno è contento.

La domenica pomeriggio successiva, il piano è più complicato. Kader gli dà appuntamento in un bar dietro place de Clichy e, per una volta, Perrin deve anticipare i soldi, l'altro passerà di lì dopo una decina di minuti. La situazione non gli piace, ma non ha scelta. Aspetta, passa un quarto d'ora poi mezz'ora. Non può non fare il nesso tra i soldi già sganciati e quel ritardo insolito. Esita a richiamare Kader, poi si decide, invano. Chiama di nuovo, ma sempre senza successo. Quando infine torna a casa è passata più di un'ora.

Kader lo richiama solo verso le sette, mentre Perrin è insieme a un amico.

«Sì, la cosa non è andata in porto perché sono cinquanta euro in più. Se ancora ti interessa, posso passare in taxi sotto casa tua tra dieci minuti», dice Kader subdolamente, essendo poco probabile che un ritardo di diverse ore possa aver contribuito a placare il desiderio di Perrin anziché accenderlo.

«Deve passare uno spacciatore in taxi tra dieci minuti per fregarmi altri cinquanta euro», dice Perrin all'amico.

È proprio così che vede la situazione, ma ha bisogno di quell'eroina, scende con una banconota in mano, non si sa mai. Kader passa all'ora detta, intasca il bottino extra e non si fa più sentire.

«Credo che ce l'abbia con te per via della grana alla sua ragazza», gli dice Lusiau il giorno dopo. «Gliel'ho detto che non siete amici, che non eri obbligato a niente, ma ce l'ha lo stesso con te».

Può sempre scegliere di dare i soldi a Lusiau perché ordini in quantità doppia. La dignità lo vieta, è vero, ma mettere insieme dignità e tossicodipendenza significa essere ingordi. Perrin il giorno dopo richiama Kader, che finalmente gli risponde per mandarlo affanculo. Si rassegna all'astinenza, è l'occasione che stava aspettando. Quand'anche richiamasse con la coda tra le gambe, c'è ben poco da aspettarsi da Kader, a parte la certezza che non si farà mai più vivo. Inoltre, ben presto, il problema non si pone più nemmeno tramite Lusiau.

Ora che i preparativi della mostra volgono quasi al termine ecco che si verifica un imprevisto. Come un personaggio di finzione che reclama il suo compenso, i suoi diritti d'autore in quanto personaggio, il modello esige tutt'a un tratto la sua parte di utili della mostra. Lusiau rifiuta per principio. Il suo contributo riguarda solo le ultime due opere e poi l'artista è lui. Il direttore della galleria tira in ballo Perrin siccome pare che il protettore di Kader sia una sua vecchia relazione, i due hanno avuto lo stesso amante qualche anno prima. Essendo diventato impossibile discutere con Lusiau, fuori di sé per via della situazione, viene subito trovato Perrin come intermediario.

«Non dico che Kader fosse un ragazzo modello che Lusiau ha fatto cadere nella droga, no di certo, Kader non ha avuto bisogno di nessuno», dice il tizio che ha dieci anni più di Perrin. «Però Lusiau è stato ben contento di trovarlo per avere la sua eroina e lavorare in santa pace. Lo ha fatto posare con laccio e siringa, si è servito della sua esperienza di drogato. Mi sembrerebbe legittimo che si accordino su una somma equa».

E così sarà, senza che l'intervento di Perrin serva a qualcosa: il direttore della galleria si rivela infatti l'interlocutore più adeguato, in quanto finanziatore.

Durante la conversazione, Perrin è completamente nel pallone, non riesce a liberarsi da quell'atmosfera sottesa di omosessualità e di eroina, non sa se il protettore di Kader identifichi anche lui come un drogato o meno, così come lui non conosce il tasso di eroina presente nel sangue del suo interlocutore. La sera in cui ne parlano, sono otto giorni che non tocca niente, il periodo di astinenza fisica è più che superato. Non c'è nessuno meno eroinomane di lui, oggi.

In astinenza, conta le ore. A lungo andare, ha escogitato una strategia che riesce finalmente a rispettare. Secondo i suoi calcoli ci vogliono cento ore, ossia quattro giorni arrotondati per eccesso, perché scompaiano gli effetti peggiori. Dopo questo lasso di tempo, restano i danni psicologici, ma il corpo, almeno, non lo fa più soffrire. Le notti sono un inferno, passate a torturarsi più che a dormire. Prende la sua penultima dose a fine pomeriggio, così può dormire la prima sera, ancora un tantino sotto effetto, e la sua buona nottata gli vale come le prime ore di astinenza che in tal modo non gli saranno costate niente. L'inconveniente è che sta male sin dal risveglio, con in più la prospettiva di una giornata orribile che si concluderà con una notte da incubo a occhi aperti. Ma pazienza, ha mobilitato per questo tutte le sue forze, è preparato, e il mattino seguente prima o poi arriva. Ora come ora però è in uno stato deplorevole, è già debilitato, abbattuto, ed è l'apice dell'astinenza. Ma la sua strategia consiste nel conservarsi un'ultima dose per i momenti difficili, così che la giornata può anche iniziare in modo orrendo, almeno lui sa che si concluderà diversamente. Una semplice striscia, ecco cosa si è messo da parte per la sera, abbastanza ricca da assicurargli qualche ora di tregua, e abbastanza povera da non mandare all'aria tutto il lavoro di privazione fin lì effettuato: semplicemente dorme e, quando si sveglia al mattino, è più o meno nelle stesse condizioni in cui era il giorno prima della sua ultimissima dose, ma con qualche ora di riposo alle spalle per ricaricarsi.

Il rischio è che usi troppo presto la striscia conservata per dopo. Tanto più che, in tal caso, persa ogni speranza, fallita la sua strategia, sebbene a causa sua, si sente in diritto di ricominciare tutto daccapo, il che significa fare un altro ordine e rimandare a un altro giorno un nuovo tentativo. La vostra disassuefazione, mettetela in cantiere cento volte.

Nel caso specifico, scomparso Kader dalla circolazione, tagliati i ponti con gli altri spacciatori poiché ha chiesto a Lusiau di non fornirgli più né roba né informazioni, la sua striscia la rispetta eccome, e quindi se la fa solo al momento stabilito conformemente a quanto ha deciso. Sembra riuscirci, stavolta, proprio come in molte altre occasioni, in fondo, che perciò non si sono rivelate decisive.

Le cento ore sono abbondantemente passate quando si ritrova nello studio della dottoressa Darboy alla quale racconta la situazione, insistendo sull'episodio della truffa di cui è stato vittima in parte consenziente (consenziente suo malgrado: come gli sarebbe piaciuto se Kader gli avesse portato la roba pur vedendo i vantaggi offerti dal caso contrario, vantaggi nel medio e lungo periodo, mentre il suo stato attuale è tale da fargli preferire il breve periodo).

«In effetti, ci sono dei momenti in cui preferisco pagare per non prendere eroina piuttosto che per prenderne», dice al medico, felice di fare questa scoperta.

«Non è la prima volta che me lo dice», risponde lei.

Perrin è sconcertato perché credeva di essere già più avanti che mai nella sua disintossicazione. Significa che le cento ore di sofferenza prima e di guarigione puramente fisica poi non bastano, la guerra psicologica può andare avanti per settimane, mesi - si costringe a interrompere qui la lista per paura che il solo pensiero della portata del compito gli proibisca di metterlo in atto. Un'ora alla volta, ecco la migliore unità di conteggio, come i tennisti che cercano di riprendere il controllo di una partita un punto alla volta. Ciò che lui scopre adesso, la dottoressa Darboy lo sa da un pezzo.

Per una buona convivenza a due, una convivenza a tre non è forse l'ideale? Incatenati dall'eroina, si forma una vera coppia libera.

Perrin non frequenta più Charles e Anna, ma la loro immagine è ancora dentro di sé. Si sono conosciuti al liceo, sono caduti insieme nella roba e non si sono mai lasciati, né da questa né l'uno dall'altra. Per separarsi serve un'energia diversa da quella che dà l'eroina. Si bucano insieme da sempre, la loro vita corre su un unico binario.

Ci sono dei momenti in cui li invidia. Messa a conoscenza della loro situazione, il resto della gente tenderebbe piuttosto a offrire la propria pietà accondiscendente, invece lui va oltre. Una coppia che non si è conosciuta tramite l'eroina e che tuttavia perdura grazie a lei, ha raggiunto quell'intimità che consiste nel bucarsi insieme. Non solo non isolarsi per nascondere l'atto in sé, ma neanche per nascondere la siringa e il laccio, il braccio nudo, l'ago, la vena, il primo respiro, il primo sospiro, il primo sorriso post-iniezione.

Perrin li invidia anche se non è ciò che vuole. Se, pur essendoci dentro fino al collo, non è un autentico tossicomane - se solo potesse esser vero! - allora vuol dire che non ci è dentro fino al collo. Gli secca passare il tempo con degli innamorati a cui deve nascondere una parte così preponderante della sua vita, ma d'altronde quest'eterna seccatura non può essere un caso. Siccome da solo non riesce a misurarsi, deve contare sugli altri perché lo costringano a farlo. A discutere tra soli eroinomani, sa che ognuno opporrà dei buoni motivi per non smettere né ora né mai. Come Lusiau che un giorno gli ha detto: «Bisogna piantarla, e prima è meglio è», per poi aggiungere tirando fuori la sua bustina: «Vuoi?». «Se l'eroina fa così male come si dice, prendendola si accelera la morte, e quindi più se ne prende meno si rischia di lasciarsi sfuggire l'occasione»: ecco un aforisma con cui Lusiau, sempre lui, se n'è uscito un giorno ridendo, ma Perrin non era molto divertito poiché la morte non lo diverte. Non gli piace l'idea che l'eroina faccia male, è una cosa che gli guasta le dosi. Qualunque siano i suoi effetti a lungo termine, spesso dona un bell'aspetto. Charles ha dieci anni in meno rispetto a un minuto prima, dopo la sua pera. L'occhio non è vispo, certo, ma non si vive mica per avere gli occhi vispi.

Come fanno Charles ed Anna a fare l'amore? Sbrigano la faccenda il prima possibile perché l'atto successivo è bucarsi e quindi prima finiscono e meglio è, oppure se la prendono comoda, tranquilli, sicuri del fatto che una volta finito avranno ancora dei bei momenti davanti a sé? Oppure, angosciati, tirano la cosa per le lunghe, perché molto probabilmente Charles, che si fa da più anni di loro, subisce gli stessi effetti suoi e di Lusiau? Perrin pensa a tutti gli eroinomani maschi dell'universo che imparano a venire a patti con l'impotenza. L'eroina è anche questo, una buona ragione per essere impotenti.

Perché smettere di farsi? Perché Perrin ne ha abbastanza. Come tutte le coppie: un giorno ci si chiede perché si sta ancora insieme. Non per le stesse ragioni che si avevano all'inizio, in ogni caso. Un giorno, è finita, come un paziente in analisi da anni che all'improvviso non metterà mai più piede dall'analista, quand'anche fosse a lui a essere pagato d'ora in avanti. Perrin ha chiuso col suo desiderio di eroina ma non con l'eroina, così come, in pieno divorzio d'amore, ci sono mille cose da risolvere che peggiorano la situazione.

Lusiau gli racconta questa storiella divertente. Una coppia di anziani, molto anziani, centenari, si ritrova da un avvocato per confidare il proprio intento di divorziare. «Ne siete sicuri?», chiede l'avvocato. «Certamente», risponde la donna. «Non sopporterei un secondo di più questo maiale puzzolente, questo pervertito imbecille e ipocrita la cui sola presenza mi disgusta». «Certamente», risponde l'uomo. «Non sopporterei un secondo di più questo sgorbio pigro e ripugnante la cui vicinanza mi uccide ogni istante che passa». «Va bene», dice allora l'avvocato, «vedo che siete determinati. Permettetemi però di fare una domanda a entrambi: signora, lei ha centoquattro anni, lei signore centouno, se questi sono i vostri sentimenti l'uno nei confronti dell'altra, per quale diavolo di motivo decidete soltanto oggi di divorziare?». E i vecchi all'unisono: «Abbiamo aspettato che morissero i figli».

Perrin teme che sia ciò che è successo a lui, che debba aspettare che i figli muoiano perché la sua vita possa finalmente cominciare. I figli: la sua esistenza reale, naturale, che non ha nulla a che vedere con quella, artificiale, che conduce da quando sta insieme alla roba. Tutt'a un tratto sospetta un circuito di vite parallele (quella degli altri e la sua, la sua vera vita e quella in cui è incastrato) che s'incontrerebbero solo all'infinito. Non avrebbe mai dovuto sposarsi con l'eroina, ma un capriccio di gioventù non può e non deve dirigere la sua vita in eterno. Persino di un essere umano si ha il diritto di sbarazzarsi dopo anni di vita in comune, allora figuriamoci di una sostanza chimica. La roba, però, non se la sente di scacciarla come una pezzente: che lo meriti o meno, impone un certo riguardo. Ne ha visti troppi fare i belli, che poi ha ritrovato in ginocchio. Guardare in faccia l'avvenire significa decidere come smetterà, non come ha iniziato - poco importa se le due cose sono connesse, non gli si possono chiedere tutti gli sforzi insieme.

Una tiritera: se è questa la vita di coppia, allora lui sta davvero con l'eroina. Quando va a trovare amici sposati o quasi, una delle cose che più lo colpisce è la ripetizione degli stessi racconti fatti dall'uno che l'altro deve ascoltare attraverso i secoli, una messinscena compulsiva della loro situazione amorosa. Come tutti, ha sentito dire migliaia di volte che per vivere in coppia bisogna farsi delle concessioni, e gli sembra allora che la vera concessione sia vivere in coppia. Lui l'ha concesso all'eroina. Come in quelle coppie in cui solo uno dei partner lavora e l'altro deve rispettare sia il suo lavoro che il suo riposo. Il lavoro dell'eroina: riempirci, svuotarci.

È necessario che abbia davvero, costantemente, voglia di non farsi perché questo è l'unico motivo valido per non farsi. Se prova a ragionare, pende sempre dal lato sbagliato. L'intelligenza è una nemica. Perrin è soggetto ai cliché sui drogati: poiché si fa di eroina è un eroinomane, a volte con la visione mitica a essa associata, la magia, la ribellione, l'inalienabile individualismo. C'è un motivo se si fa: tutti gli amici che non sopporterà più una volta pulito - i quali risentiranno di questo cambiamento di rapporto. Ciò che la droga lo aiuta a sopportare non lo sopporterà più - siccome loro sono rimasti uguali, non ne vorrà più sapere. Se tutti si facessero di eroina, gli eroinomani si sentirebbero allo stesso livello degli altri (ma con se stessi?). Perrin gioca con l'amore, sta diventando troppo difficile, finirà per sbagliare il suo numero. Deve riuscire a sopportare la vita senza aiuti esterni, soltanto con la sua forza, come se sopportare la vita fosse necessariamente una buona cosa e significasse semplicemente accontentarsi della propria e non sopportare, a poco a poco, anche quella di tutti i suoi contemporanei, dei disgraziati dei cinque continenti, dei bambini maltrattati che muoiono di fame.

Si è sempre opposto a coloro che associano l'eroina alla dipendenza da eroina finché un giorno lui stesso non coglie più la differenza e si sforza di attenersi a questa nuova visione. D'altra parte, questa dipendenza si oppone sì all'indipendenza, ma anche alla dominazione, poiché si è liberi di scegliere il proprio padrone.

Smettere è anche una sconfitta, è rientrare nei ranghi - con la disgustosa soddisfazione, l'odiosa fierezza di rientrare nei ranghi. Non essere eroinomani, è mai stato forse un sogno di bambino?

Le cose non funzionano, tra lui e il mondo, e tutti sanno quant'è difficile cambiare se stessi, allora tanto vale cambiare il mondo o la percezione di esso. L'eroina non dà un senso alla sua esistenza, ma una vita alla sua vita.

Drogarsi in eterno, a un tratto è nauseante - e invece non drogarsi in eterno? Privarsi per sempre dell'eroina? Che idiozia anche questa, che vergogna.

Ogni coppia hai i suoi problemi. Ma in quante separazioni almeno uno dei due ci prova dicendo «Restiamo amici». Certo, non basta una frase perché ciò si realizzi, ma c'è chi ci ha provato. Ora invece bisogna dire: «Restiamo nemici». Nemmeno per un attimo Perrin deve avere la minima nostalgia di questa storia, che la sua partner scompaia in un pozzo senza fondo, ritorni in un buco che non avrebbe mai dovuto lasciare. È come la femme fatale dei film noir che l'eroe non avrebbe mai dovuto incontrare e di cui non riesce a sbarazzarsi, lasciandosi condurre alla rovina per trovare infine scampo solo nella decadenza o la morte. L'eroina non parla, eppure è lei a dire: «Restiamo amici. Cosa si rischia? Quando vuoi andartene, vai». Lui sente un: «Non ti tratterrò» di cui conosce tutta la falsità. Quella contro di lei è una lotta falsata perché lui è un essere umano, consunto dalla psicologia.

Perrin conta le ore trascorse dalla sua ultima dose, da quando è in astinenza, e l'idea che questo calcolo sia infinito è opprimente. Non deve farsi mai più, allora in che momento smettere di contare? Se prende eroina è per colmare una mancanza - è disposto a concederlo agli strizzacervelli di ogni sorta -, ma se smette per sempre l'eroina stessa sarà una mancanza, svanita per sempre quella capacità di vivere dei meravigliosi istanti su ordinazione. Almeno, non dovrà più interrogarsi sulle origini di tale mancanza, sulla sua esatta definizione: sarà semplicemente l'eroina a mancargli più di ogni altra cosa col passare degli anni, più chiaro di così non potrà essere.

Se fosse milionario, sarebbe altrettanto necessario smettere? Il problema dell'eroina, è l'eroina o gli amori, gli amici, i soldi? Sono così importanti, l'amore, l'amicizia, i soldi? O si potrebbe gettare tutto questo nello stesso calderone? Ha visto quanto è durato, l'amore della sua vita.

Quanto al resto dell'umanità, non basta non imbottirsi di eroina per affermare di non essere dipendenti. Dalla famiglia, dal lavoro, dagli amori, dai soldi. È così che è organizzato l'intrico della loro vita e se salta una maglia, si strappa tutto. L'improvvisa inutilità di ciò da cui sono sempre dipendenti: dal lavoro in caso di disoccupazione o pensionamento, dalla famiglia in caso di divorzio o lutto, dall'amore al momento della separazione. C'è chi è dipendente dalle proprie angosce, è pur sempre meglio di niente e fa risparmiare sui film dell'orrore, c'è chi lo è dal ricordo di un morto, o di un figlio, di un amore, di un cane. Senza contare la dipendenza dei mercanti del sesso in balia di questo impulso, minimo un partner al giorno altrimenti non va, poi minimo due, tre, e così via col passare dei giorni. Forse non è bene essere dipendenti dal sesso? È preferibile esserlo dall'anima?

Perrin deve continuare a non farsi perché tante ore, giorni, settimane sono già passate senza essersi fatto. Quante cose nella vita derivano da questo principio, quanti destini, quante coppie in cui la durata distrugge un legame mentre ne crea un altro. Con l'eroina, però, la dipendenza non ha altri nomi a parte dipendenza: mai la si chiamerà coscienza professionale, passione, fedeltà. E chi è dipendente dal gioco, quando diventa milionario, non è forse semplicemente ricco?

Lui ragiona, ma le conclusioni dei suoi ragionamenti tirano da entrambi i lati, mentre l'ironia allarga il campo delle interpretazioni. È necessario che pensi ad altro mentre smette, ma pensare ad altro fa parte della sua vita quale dovrebbe essere e non quale è, ed è esattamente per riuscirci meglio che ha senso imbottirsi di eroina. Teme sempre che la pigrizia del pensiero gli eviti di opporsi non tanto agli altri quanto a se stesso, quello stesso pensiero che tuttavia è meglio che rimanga pigro, perché nel caso fosse in piena forma, potrebbe contribuire a isolarlo non solo dal mondo, ma dall'eroina stessa. A che serve il pensiero quando la desolazione dell'astinenza sommerge tutto, corpo e spirito? Cosa crede, il pensiero? S'immagina forse che ci si separi dall'eroina con delle buone idee? Ne ha qualcuna efficace per non farlo soffrire quando sta male?

Le critiche riguardo all'eroina fattegli da chi sa che ci

è dentro alimentano la sua confusione. A volte gli si rimprovera che non corrisponde al suo stile di vita, che gli impedisce di fare la carriera che merita, tenendo a freno il suo arrivismo, come se un po' di coca che lo porti a un successo dopo l'altro fosse invece più giustificata. E altri ce l'hanno con lui per il contrario, questa dipendenza senza totale decadenza, gli dicono che usurpa il nome di eroinomane se si pensa a tutti i poveracci costretti a rubare e a prostituirsi, a cui invece spetta a pieno titolo. Se si beccasse qualche porcheria con una siringa, può darsi che allora recupererebbe questo scarto sociale.

«Si vede che non ti è mai mancato niente», gli dice un collega un giorno in cui Perrin faceva buon viso a cattivo gioco, sostenendo di fregarsene del fatto che il suo aumento di stipendio fosse stato rimandato. E in effetti se ne frega, perché ciò che conta per lui quel giorno è l'eroina che non ha sotto mano, lo spacciatore scomparso, il vuoto dinanzi a sé. E al tempo stesso non se frega affatto, perché, nello sconforto di quella giornata, quella notizia cresce a valanga, diventa un'orribile tragedia, come se prima o poi, quand'anche ritrovasse uno spacciatore, non avesse i mezzi per fare affari con lui; come se questo mancato aumento fosse dovuto a una qualche buona ragione, e persino al ministero ci fosse qualcuno che lo consideri l'ultima persona da gratificare con qualche spicciolo supplementare, pur avendone diritto; come se entrare spontaneamente in questo inferno che è l'insegnamento superiore fosse stato un errore fatale, perché in fondo nessuno lo vuole lì dentro, dove, eroina o no, resta comunque un escluso.

«Si vede che non ti è mai mancato niente»: tutto sommato gli fa piacere essere così pudico, così abile.

Ma non capisce come potrebbe riuscirci, a non sentire la mancanza di niente, o anche semplicemente dell'eroina, sacrificando nella sua immaginazione amici, amore e soldi. Ritiene legittima la decisione di farla finita con la roba, uno scopo nobile e giudizioso su cui non ha ripensamenti, ma perché farlo definitivamente? Così come si conserva una piccola riga per superare meglio la seconda notte di astinenza e tirarsi un po' su, potrebbe concedersi un'eventuale dose a Natale o a Capodanno, per il suo compleanno, affinché la rottura non sia troppo brusca, così come c'è sempre uno dei due ex amanti che è pronto per un ultimo amplesso. Una simile prospettiva manterrebbe viva la speranza facilitando dunque il distacco dall'eroina, non essendo un distacco definitivo. Ma quel che capisce con tutto il corpo e tutto il cervello è che bisogna annientare ogni speranza per meglio accogliere la disperazione. Non può evitare lo sfacelo. Ci sono stati dei momenti in cui drogarsi era una vittoria, ma lui è nel pieno di altri momenti, in cui la vittoria è non farlo. Sarebbe una sconfitta farsi di eroina adesso, ma è in uno stato in cui, ancora più forte della Kim Novak di *Incantesimo*, si crede capace di accogliere più serenamente la sconfitta che la vittoria.

«Mi suiciderei volentieri, ma ho paura di pentirmene»: Perrin ha letto questa frase in un'indagine sul suicidio di bambini e adolescenti e gli è parso che, se non fossero solo i bambini e gli adolescenti a parlare così, tale frase esprima bene anche la sua quotidianità di adulto. Si convince di suicidarsi un po' a ogni dose, ma la progressività gli permette di non avere troppi rimpianti perché può sempre fare marcia indietro. Ma smettere non significa fare marcia indietro, significa frenare di colpo, arrestarsi. A volte, si ha paura di pentirsi di non essersi suicidati.

Dopo ogni rapimento, i mass media citano, come fosse un'anomalia, la sindrome di Stoccolma a proposito di quei prigionieri che, tornati liberi, si ostinano a sposare la causa dei loro rapitori pur non essendo più costretti a farlo. È qualcosa di molto familiare, per lui, quando si separa dall'eroina e si chiede persino se valga la pena pagare il riscatto giorno dopo giorno, se la vita in balìa della droga non fosse meno emozionante della vita priva solo del paradiso artificiale. Sentirsi in ostaggio non è certo gratificante, ma come rapitore l'eroina è meglio della famiglia o del lavoro.

Si dice mai a un amico che sta insieme a qualcuno: «Cosa? Già un anno? Stai attento. Rischi di non riuscire mai più a sbarazzartene»? C'è gente che tollera la psicanalisi con la pretesa che nonostante tutto sia interessante, istruttiva per chi vi si sottopone: e l'eroina, allora, non è forse appassionante documentarsi su se stessi? Il problema è essere troppo scrupolosi.

Perrin conosce degli eroinomani per cui il vomito è connesso alla droga: si fanno ogni giorno da vent'anni e da vent'anni ogni giorno vomitano, come Jacques Brel raccontava di fare prima di ogni canzone. Perrin non ha mai vomitato e a un tratto lo rimpiange. Ora che ha un disgusto psicologico che non sa come esprimere gli mancano gli spasmi. D'altra parte, però, non dovrebbe vomitare solo perché è la persona che è.

Se ogni giorno passato senza eroina è un beneficio, ha un'ottima ragione per invecchiare.

*

Una sera è solo a casa, si annoia, non ne può più del suo appartamento - la classica serata che l'eroina avrebbe trasformato e in cui il suo appartamento sarebbe stato il rifugio ideale da preferire a qualsiasi altro per godersi la dolcezza del mondo. Meglio essere primo a casa propria che secondo a Roma, meglio godere di un mondo striminzito anziché soffrire per uno immenso, aperto a tutti. Ma no, l'eroina è fuori gioco, sarebbe troppo stupido rimetterla in campo dopo tutte queste settimane, tutte queste sofferenze. Troppo stupido e troppo complicato, non ha più i recapiti di nessuno spacciatore sotto mano.

Va in un locale gay, che almeno l'assenza di eroina si volga a suo vantaggio facilitandogli le prestazioni. S'imbatte in un ragazzo che ha già notato diverse volte senza mai abbordarlo e, stasera, lo abborda. Dopo qualche frase in cui ha dovuto dichiarare la sua identità professionale, il ragazzo che si chiama Dimitri lo prende per un vero universitario e non è interessato alla categoria. Perrin recrimina contro questo peculiare razzismo.

«Avevo un ragazzo che era prof di facoltà, alla Sorbona», dice Dimitri. «Quando volevo un libro, mi regalava un libro, e quando volevo la roba, mi regalava lo stesso un libro, spesso arricchito da un discorso serio. Grazie mille».

«Vuoi dire eroina», dice Perrin, impaurito e contento di ritrovarsela di fronte.

«Ce l'hai?» dice Dimitri, pronto a cambiare opinione sul suo interlocutore.

«Forse posso avercela», dice Perrin perché il ragazzo è bello, giovane e attraente.

«Guarda un po'», dice Dimitri.

Il ragazzo ha menzionato l'eroina solo per sbarazzarsi di Perrin con condiscendenza, ma se si presenta un'occasione inattesa, ottimo.

«Così, a quest'ora, non saprei bene dove trovarla», dice Perrin come se il suo spacciatore ricevesse soltanto dalle nove a mezzogiorno e dalle quattordici alle sedici, i giorni lavorativi.

«Al Café Jaune, a cinque minuti da qui, lì è rarissimo non trovarla», dice Dimitri.

Perrin si ricorda di questo posto, non ci è mai andato di persona ma gli è capitato di aspettare due tre volte lì fuori un amico che aveva bisogno di un pronto intervento.

«Vieni con me?»

«Ah no, sarebbe troppo facile», dice Dimitri, come se, una volta uscito da quel bar, diventasse una preda indifesa per chiunque volesse portarlo a letto.

A Perrin va bene andarci da solo, così è più facile non andarci. In strada, con l'aria fresca che sferza i sensi, è costretto a riflettere. Si ritrova di fronte a un dilemma morale simile a quello del capitano Haddock sul dormire con la barba sopra o sotto la coperta: da che parte sta la sua virtù? Nel fottersi un ragazzo o nel farsi insieme a lui? Quale dei due termini dell'alternativa corrisponde meglio alla sua etica personale? Mentre teme di non trovare più Dimitri al bar al suo ritorno, immagina al tempo stesso che sia lui a non tornare. Ma la scelta della fuga è ormai indipendente dal passaggio o meno al Café Jaune. Può anche non procurarsi l'eroina ma, se lo fa, è libero di tenersela tutta per sé o di condividerla con un amante, che rischia di non essere tale se poi ne condividono troppa.

Entra al Café Jaune, si avvicina al bancone per ordinare e intanto cerca l'angolo in cui si spaccia, sperando che sia meno complicato di quando ci bazzicava con Lusiau. Ma prima che riesca a dire o vedere qualcosa, un magrebino sulla cinquantina si dirige verso di lui e lo prende a schiaffi. Altri magrebini tengono a bada l'aggressore facendo segno a Perrin di sloggiare, come se fosse meglio non provocare ulteriormente il pazzo che l'ha aggredito, al che lui esegue. L'aria di fuori gli raffredda la guancia.

Si è preso un bello schiaffo. Adesso, ha voglia di ritornare al bar indipendentemente da Dimitri prima di rincasare, gli sembrerà un ambiente più caloroso della strada. Un po' si vergogna di tornare sprovvisto dal ragazzo, ma non è stato lui a scegliere. Gli racconta la scena e Dimitri annuisce, a quanto pare non è la prima volta che va a finire così. Il Café Jaune è un caffè in cui si entra a proprio rischio e pericolo se prima non si è stati introdotti.

«Staremo meglio da te», dice Dimitri passandogli una mano tra i capelli come sarebbe stato più normale che fosse lui a fare, una prerogativa dell'età.

Da Perrin, per tutta la notte, l'assenza di eroina è una gioia. Ovvio che anche la sua presenza lo sarebbe stata, soprattutto al mattino.

La virtù è forse porgere l'altra guancia?

*

L'MDMA, precursore dell'ecstasy usato per riavvicinare le vecchie coppie, servirà a qualcosa se anche le vecchie coppie si separano? Tutto si disgrega e in fondo è una buona notizia. Perrin non sa come né perché ma smette, con la roba. Forse perché va in overdose, non quella che vi uccide sul colpo quando la siringa è troppo carica, piuttosto un'overdose temporale. Da troppo tempo ne prende troppa, in realtà non funziona, bisogna provare con qualcos'altro. In realtà non funziona più. Nuove vite si offrono alla sua vita. Perde una comodità, certo, ma pare che sia altrettanto bello, godere a trecentosessanta gradi.

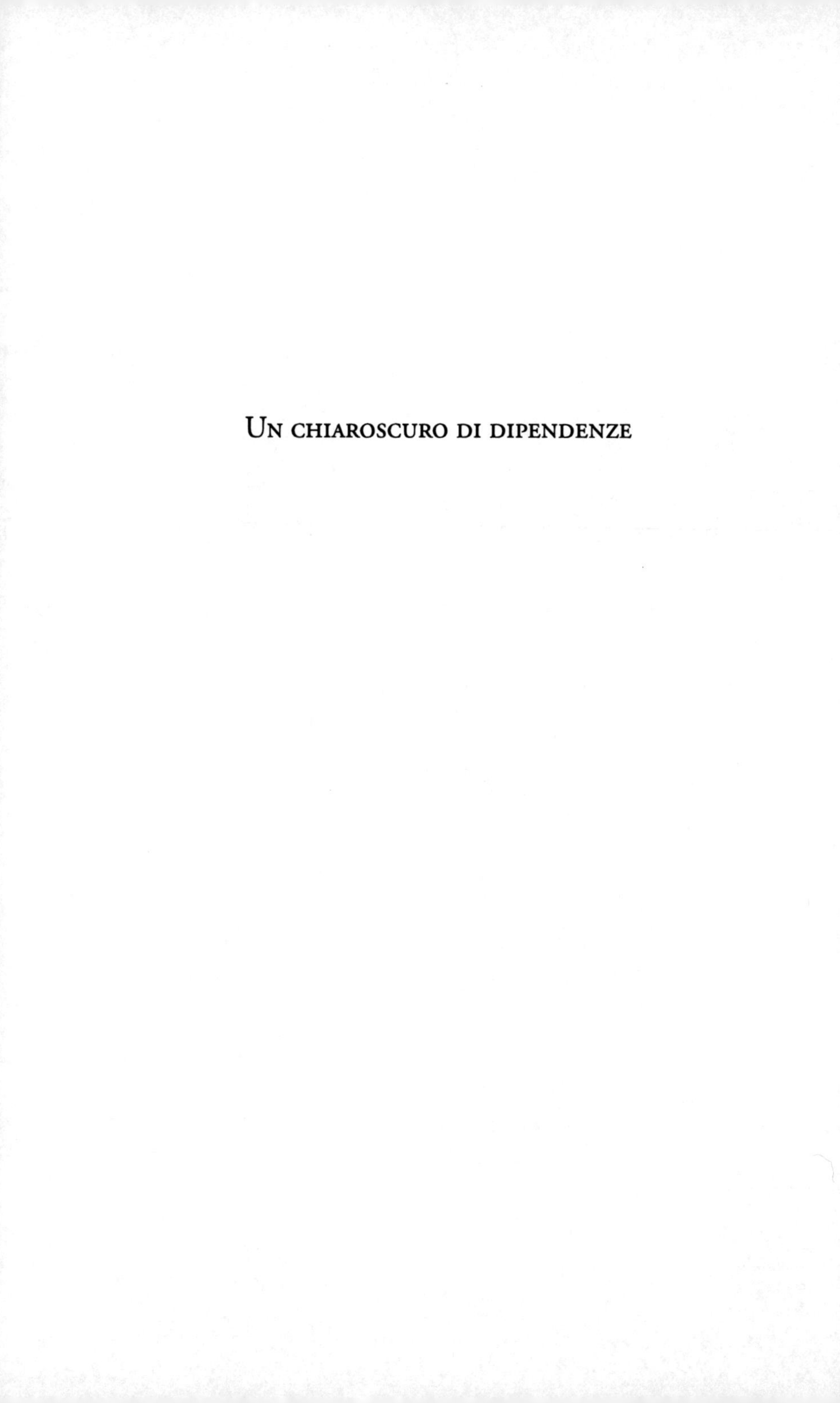

Un chiaroscuro di dipendenze

L'eroina è scomparsa tra Lusiau e Perrin? Loro se la cavano diversamente e la relazione sopravvive. Sono diversi mesi - anni? ognuno lo sa per sé - che entrambi hanno smesso quando Lusiau invita il suo amico in Brasile. È a San Paolo in un albergo di lusso, ospite della biennale nonché dei servizi culturali francesi, che approfittano della sua presenza per organizzare svariate manifestazioni. Così, ha accettato di starci due mesi, avendo intravisto inizialmente soltanto il fascino di un Paese a detta di tutti paradisiaco per il turista, che lui aspira a rimanere, nonostante i suoi impegni. Passata una settimana invernale laggiù, si annoia a morte e si mette a caccia del minimo incidente che lo faccia arrabbiare e tornare immediatamente a Parigi. Perrin brontola per telefono, temendo che il suo amico si faccia beccare e sottolinea quanto sia fortunato a essere in Brasile in simili condizioni.

«Allora vieni, se è così bello», gli dice Lusiau. «Devi pagarti solo l'aereo, ho una camera con due letti e persino i pasti dell'accompagnatore sono inclusi nelle spese».

Perrin non sapeva dove andare in vacanza dieci giorni ed ecco risolta la questione.

Undici ore di aereo sono dure, senza considerare che bisogna ancora passare il controllo dei passaporti, recuperare la valigia e subire la dogana prima di prendere un taxi per l'albergo. L'aeroporto è lontano, la strada trafficata, dopo un'ora di macchina Perrin non è ancora arrivato. Al suo nervosismo si mescola la paura di farsi fregare, come spesso capita sui taxi di Paesi sconosciuti, come se il tassista si ingegnasse ad allungare il percorso per far girare il tassametro. Perrin sarebbe disposto a dirgli che è d'accordo a pagare la tariffa più alta ma, in compenso, deve arrivare al più presto. Come al solito, non vede alcun inconveniente psicologico a farsi fregare in cambio di un vantaggio concreto.

Scende infine dal taxi dopo aver pagato un prezzo ragionevole e la sua esasperazione e stanchezza accumulate si attenuano non appena entra nella sontuosa hall dell'albergo che rispecchia in tutto e per tutto un sogno di turista. È ancora preoccupato di doversi spiegare alla reception in una lingua sconosciuta - in fondo, non è altro che un cliente senza prenotazione e non ha l'intenzione di sborsare un soldo - ma, prima ancora di arrivare, ecco spuntare Lusiau. Gioia reciproca.

«Sei dimagrito», dice Perrin.

«Eppure ho preso qualche grammo», dice Lusiau tirando abbondantemente su con il naso.

Ma certo, il Sudamerica è il paradiso dei cocainomani. Non gli era passato per la testa neanche un secondo, come se stesse ancora pensando all'eroina sconfitta. La coca toglie la fame, nulla di strano che Lusiau sia dimagrito.

Quest'ultimo fa mollare la valigia a Perrin nel bel mezzo della hall, dicendo qualche parola in simil-portoghese al receptionist con cui ha evidentemente legato con la stessa facilità che aveva - o ha ancora? - con gli spacciatori, e porta il suo amico al pianterreno dove si trovano i bagni.

«Qui non costa niente», dice tirando fuori una bustina più grande di quella di Brenda, da cui prende quanto basta per fare quattro belle piste, una per ogni narice.

Perrin lascia fare. Pur non essendo un patito della cocaina, deve ammettere che, sfinito com'è mentre la giornata è appena cominciata, è una buona occasione per ricaricarsi. E poi c'è qualcosa che rende la droga ancora più meravigliosa se la si ottiene senza alcuno sbattimento. E poi perché privarsene se è gratis? Il prossimo carico lo pagherà lui a buon mercato e tutto sarà sistemato. Sniffa e la vita diventa più viva.

Visto il prezzo e il contatto subito scovato da Lusiau, c'è cocaina a iosa. È come se più ne prendessero e più soldi risparmiassero, poiché non costa nemmeno un decimo rispetto a quanto costa in Francia. A Parigi non ne snifferebbero mai così tanta, certo, ma viaggiare deve pure avere qualche vantaggio. La coca, inoltre, alimenta la loro intimità, per la condivisione in sé, il prenderla insieme, ma anche perché dà libero corso alla parola, moltiplicando scherzi e confidenze. Il sesso è l'argomento preferito di Lusiau, si presta tanto alle confidenze quanto agli scherzi.

L'artista racconta storie di puttane, di quanto sia facile trovarne e di come l'albergo non faccia storie se si gestiscono le cose con discrezione e generosità. Anche loro sono straeconomiche - e molto competenti, più schiave del denaro che dei pregiudizi.

«Ci sono anche dei ragazzi, se ti va».

Il sesso ridiventa una questione di primaria importanza. Con l'eroina, potevano avere tutta l'intimità che volevano, il problema neanche si poneva; la cocaina invece non impedisce nulla. Dall'arrivo di Perrin, Lusiau non si è portato ancora nessuno in camera. Ci sono due letti ma essere in due non facilita le cose, soprattutto se uno non partecipa. Inoltre, ora che è in compagnia, scopare è l'ultimo dei suoi pensieri.

«No no», dice Perrin, temendo che Lusiau s'intrometta.

L'altro non insiste, era così tanto per dire.

C'è il sole, sono a bordo piscina da cui non si allontanano più nemmeno per sniffare, non c'è vento e basta avvolgersi un attimo nell'asciugamano fornito dall'albergo per essere sufficientemente al riparo dagli sguardi. Non sono certo i primi turisti ad approfittare del luogo.

Lusiau ha una decina di giorni quasi liberi. Ha sbrigato tutti gli impegni che aveva verso gli organizzatori della biennale e, la settimana dopo, andrà in giro un po' per tutto il Paese per una serie di incontri con il pubblico francofono o appassionato d'arte durante cui si tratterà semplicemente di rispondere a delle domande. Nel frattempo, non ha quasi niente da fare a San Paolo. Ha rifiutato di lasciare l'albergo di lusso scelto dalla biennale e che ora pagano i servizi culturali francesi, siccome il biglietto aereo non era stato a spese loro.

«È che oltre a essere stupende, le ragazze sono sveglissime», dice tornando al suo argomento preferito. «Cose di cui non oserei nemmeno parlare a Ninon, loro le fanno senza che debba chiedere».

Lusiau si sente come un re, oggetto di ogni considerazione sociale e sessuale.

«Gli offro sempre un po' di coca prima e non rifiutano mai, questo crea subito una bella atmosfera. Spero che i servizi culturali penseranno alle ragazze e alla coca ovunque mi porteranno, se no c'è il rischio che si metta male. Ne ho parlato con un tizio del consolato, ma temo che l'abbia preso per uno scherzo».

«Senti Ninon ogni giorno?» dice Perrin, ritenendo suo dovere ricordargliela su un altro piano e non solo per paragonarla sfavorevolmente alla prima prostituta di turno.

«Sì, la chiamo tardi, con il fuso orario, quando va a dormire. Così capisco se è sola o meno. Ci mancherebbe solo che approfittasse del fatto che io non ci sono per cornificarmi, la troia».

«Aspetta», dice Perrin, dall'alto della sua omosessualità. «Per te è normale andare a letto ogni sera con una nuova e ne faresti una tragedia se lei si concedesse a uno?»

«Beh sì», dice Lusiau ridendo.

Non ha alcuna pretesa di onestà o di uguaglianza, di parità. Assomiglia a un discorso sull'eroina in cui ognuno sa bene che non bisogna farsi ma, nonostante tutto, si farà.

«Cazzo», precisa Lusiau le cui capacità inventive sono moltiplicate dalla coca, «è questa una coppia: non appena ti allontani dalla tua ragazza cerchi qualcuno con cui scopare. Non sei costretto a tornare nel tuo letto la sera, saresti un coglione a non approfittarne».

«E Ninon allora, perché non ne avrebbe il diritto?»

«Perché è una ragazza, tu non puoi capire. Un altro colpetto?».

E si ricaricano le narici. Appena uno propone, l'altro segue ed è un susseguirsi di proposte.

«In Francia non trovi una qualità così», dice Lusiau.

«Parli delle puttane o della coca?»

«Di tutt'e due», dice Lusiau divertito. «Poi, un'altra cose delle puttane, è che sono felicissime se prendi la coca con loro. Zero storie».

«Allora le puttane sono l'ideale per la vita di coppia», dice Perrin lanciatissimo anche lui.

«Non so se come vita di coppia o come rimedio alla vita di coppia, ma sono l'ideale».

«Sembra che per te la coppia sia una dipendenza».

«E puoi anche rimanerci sotto, come astinenza resta comunque la migliore», dice Lusiau continuando a ridere.

Discutere è un gioco da cocainomani, ma a Perrin sembra che abbiano fatto questo per troppo tempo, una concessione dolce e insieme fondamentale, vivere in coppia con l'eroina. E non c'era verso di farle le corna; lei, la si tradisce solo mollandola, il che priva completamente di fascino le avventure extraconiugali.

Perrin ha un'amica che ha appena lasciato il marito, la quale gli ha raccontato che tutte le sue amiche le dicevano che era una follia rompere senza avere un altro, abbandonare qualcosa, una vita familiare con tre figli, per niente. «Ma io non ne potevo più, mi sembrava anzi che restare fosse una follia» gli ha detto lei. Il mondo è diviso in due categorie: quelli terrorizzati dalla mancanza e quelli a cui la mancanza fa comunque meno paura della dipendenza.

«Era un bel discorso», dice Lusiau. «Ma ci restano solo tre grammi, vado a richiamare Carlos».

Non hanno paura della cocaina, una semplice dipendenza temporanea legata al Brasile. Non costa niente e non hanno altro da fare a parte sniffare, imbottirsi di coca è anzi ciò che meglio corrisponde al loro stato attuale, ciò che prolunga nel modo più naturale un lusso per loro insolito. A Parigi, con le loro abituali occupazioni e inoccupazioni giornaliere, ne verrebbe meno la necessità. Finché sono lontani dalla Francia, lottarvi contro sarebbe di un'immorale assurdità, come lottare contro un piacere senza conseguenze. Perché la morale sta dalla parte del piacere, no? È vivere la propria vita nel migliore dei modi senza rompere le palle agli altri, no?

Una semplice dipendenza, ma pur sempre una dipendenza. Temporanea, forse, ma loro sono nella sua fase di onnipotenza. Carlos è introvabile. Si tratta del receptionist dell'albergo a cui Lusiau ha rivolto la parola il giorno dell'arrivo di Perrin, ma a quanto pare è in ferie sia oggi che domani. Troppo, vada per le maniere forti. In una strana parlata franco-anglo-portoghese, Lusiau finisce per ottenere da uno dei suoi colleghi il numero di telefono di Carlos e lo chiama. Anche lì, nonostante la lingua, riescono a mettersi d'accordo. La sfortuna vuole che Carlos non possa muoversi da casa per tutto il pomeriggio, ma Lusiau può benissimo passare da lui con i soldi se gli va. Si è scritto l'indirizzo così come si pronuncia, il che dovrebbe bastare a un tassista. Perrin lo accompagna, pieno di ammirazione per la pena che si è dato Lusiau. Nell'amore per la droga, c'è anche il rispetto e l'invidia che suscita un sentimento così forte.

Il tassista capisce l'indirizzo ma il tragitto è infinito. Nessun problema quando arrivano, Lusiau ha il numero dell'appartamento, suonano, è proprio lì. È strano incontrare un dipendente d'albergo a casa propria, ma in fondo non più che comprare da lui la cocaina. La transazione si conclude senza intoppi. Carlos non ha nulla in contrario a che consumino sul posto. Prima di andare via, Lusiau gli chiede di chiamare un taxi, ma lui gli spiega che è impossibile senza che loro capiscano perché. Pazienza. Perrin e Lusiau escono con le narici piene e il cuore leggero.

Non ci avevano fatto caso mentre arrivavano, ma ora che camminano nella stradina in cui abita Carlos e poi in quella dopo e in un'altra ancora nella speranza di raggiungere un'arteria più importante per avere più possibilità di trovare un taxi, gli appare chiaro che sono in un quartiere sperduto di San Paolo. Forse è per questo che Carlos non poteva chiamare un taxi, perché il tassista avrebbe avuto troppa paura di farsi aggredire andando lì. All'inizio la cosa li diverte perché la cocaina è di eccellente qualità ma, dopo aver camminato un po' e man mano che l'effetto svanisce, la trovano meno spassosa. Una bella striscia farebbe proprio al caso loro, ma non è pratico sniffare in mezzo alla strada. Che idiozia averne così tanta addosso e così poca dentro.

Le fantasie paranoiche indotte dalla coca scatenano in loro la paura di essere derubati, aggrediti, assassinati.

Appena vedono una scritta che indica i bagni pubblici, ci si fiondano. Il posto è immondo, puzzolente. Ci sono quattro cabine tutte occupate e due tipi loschi davanti al lavandino che parlano tra di loro e gli rivolgono la parola appena li vedono. Non capiscono niente. I due uomini ripetono, in modo più secco. Perrin e Lusiau continuano a non afferrare neanche una parola. Un tizio esce da una delle cabine e subito Lusiau ci s'infila d'istinto tirando Perrin per la maglietta. Si chiudono a chiave. Per prima cosa tirano lo sciacquone con il solo scopo di coprire l'eventuale rumore che potrebbero fare. Si preparano due strisce e le mandano giù alla svelta, così da essere carichi prima di uscire. «Spero proprio che ci prendano per dei drogati», dice Lusiau. Speranza disattesa. Non sanno se i due uomini erano lì per trafficare qualcosa o aspettavano semplicemente il loro turno ma, pur ignorando il portoghese, capiscono benissimo che la loro virilità è in pericolo mentre risalgono la scala a grandi passi per arrivare nella stradina dove saranno nonostante tutto più al sicuro. Appena mettono piede fuori s'imbattono miracolosamente in un taxi. Il tassista chiede di ripetere il nome dell'albergo come se ci fosse un malinteso, come se mai nella sua carriera avesse fatto salire in quella zona dei clienti diretti verso una meta così prestigiosa. La cosa li fa ridere. Un minuto prima, gli sembrava terribile essere finiti in fondo a dei putridi cessi in piena periferia, naufragati lontano dal loro albergo di lusso, terribile, terrificante; un minuto dopo, trovano tutto ciò molto divertente. Le droghe hanno il senso dell'umorismo.

Eccitati dalla cocaina, al bar a bordo piscina, esplorano questo senso dell'umorismo.

«Quando avevo diciott'anni, sono finito a Istanbul con un mio compagno di liceo», dice Lusiau. «Non avevamo soldi o quasi e ci eravamo trovati un albergo squallido. Un giorno, ci abborda un tipo per strada e tira fuori una bustina triangolare che apre un attimo per farci vedere la polverina bianca all'interno e ci dice: "Twenty dollars". Io non avevo addosso neanche uno spicciolo, così ho chiesto venti dollari al mio amico che sbuffava e li ho dati al tipo. E lì ho avuto paura. Ho cominciato a pensare a uno scenario tipo quello del film *Fuga di mezzanotte*, sai, quindici anni in una galera turca, e ho fermato un taxi a cui abbiamo detto una destinazione a caso, l'hotel Hilton credo, perché avevamo visto che distava diversi chilometri. In macchina, chini l'uno dietro l'altro per non farci vedere dal tassista, abbiamo sniffato il tutto in quattro e quattr'otto, così da non avere più niente addosso nel caso ci fossero stati dei casini, abbiamo detto al taxi di fermarsi e siamo scesi. Non sembrava eroina al gusto, ma abbiamo aspettato che ci facesse effetto. Dopo un quarto d'ora niente, allora ci siamo chiesti se non fosse semplice pangrattato. La cosa forte è che al mio amico dopo gli si è screpolato tutto il naso, con delle croste ovunque, sembrava un idiota. A me niente. Non l'ho mai più rivisto quando siamo tornati in Francia. Credo di non avergli mai ridato i venti dollari.

E Lusiau e Perrin giù a ridere di gusto di questo amico sparito più dell'eroina.

«Un altro colpetto nelle narici, spero che non ci vengano le croste, e ti racconto anch'io la mia ridicola storiella», dice Perrin.

«D'accordo», dice Lusiau passandogli la custodia degli occhiali da sole riconvertita in cassaforte.

«All'epoca ero pazzo di un ragazzo che incrociavo spesso in discoteca», dice Perrin in piena forma. «Avrei dato qualsiasi cosa per andare a letto con lui. Ma non succedeva mai, all'ultimo aveva sempre un motivo per non tornare a casa con me finché, una sera, ha funzionato in modo inaspettato. Ho semplicemente detto, durante la conversazione, che un amico mi aveva portato dagli Stati Uniti del popper della tale marca ed era rimasto basito perché per lui l'unico modo per farsi una bella scopata era con il popper, e precisamente proprio di quella marca introvabile in Francia. Credo che finché non ci ha ficcato dentro il naso abbia temuto un piano machiavellico per cui io mi sarei inventato la storia di quel popper miracoloso. Avevo un futon, all'epoca, zero comodini su cui poggiare le cose. Il popper era a terra sulla moquette. Nudi, abbiamo cominciato a sniffare e ad agitarci per bene, era fantastico. Ma, non so, lui era troppo eccitato o semplicemente maldestro, ha rovesciato la bottiglia prima di ritapparla e si è versato tutto il popper. Così, in quanto a scopare, ci siamo ritrovati tutti e due sdraiati sul futon con il naso nella moquette per sniffare lo sniffabile. All'epoca avevo un ragazzo che aveva la chiave dell'appartamento e a volte passava senza avvisare, senza offendersi nemmeno. È arrivato proprio in quel momento e ci ha trovato così, dato che non potevamo fermarci solo perché c'era un altro ragazzo - in seguito, ogni volta che abbiamo ripreso l'argomento, questo mio ragazzo di allora se la rideva dicendo che non credeva ai suoi occhi, noi nudi col naso per terra e il culo in aria come maiali in cerca di tartufi -, sniffavamo e ci toccavamo e ci staccavamo per sniffare di nuovo, finché siamo venuti in questa maniera e ci siamo detti che oltre a sniffare la moquette come dei coglioni, ne valeva anche la pena. Non abbiamo mai più rifatto l'amore insieme, ci andava bene così, avevamo avuto il meglio. Il peggio o il meglio, ma l'avevamo avuto».

Una storia tira l'altra. La volta in cui hanno fermato Lusiau ubriaco fradicio al volante, stava per confessare tutto per non dover subire l'umiliazione di soffiare nell'alcoltest, ma non gli hanno lasciato aprire bocca, ha soffiato nel palloncino e l'alcoltest è risultato negativo. La volta in cui Perrin faceva il giro del mondo su una nave cargo con degli amici, si annoiavano a morte e passavano il tempo a fumare, chiusi nella loro cabina per non essere scoperti, finché un ufficiale li chiama a rapporto; erano così spaventati nell'ufficio dell'uomo, che però ha detto solo: «Per favore non fumate dentro la cabina. Per via dell'aria condizionata, tutta la nave è sballata».

Non smettono un attimo di ridere a bordo piscina, nel loro lusso gratuito del momento. Quante ne hanno scampate. A un passo dalla rovina, hanno saputo respingerla senza neanche pensarci. È questo, a volte, l'umorismo, un'ironia che finisce bene.

Alla fine di ogni anno universitario si tiene una riunione degli insegnanti del dipartimento per fare un bilancio e risolvere alcune questioni particolari. È il peggiore obbligo amministrativo a cui è sottoposto Perrin, e non è poi così pesante se si limita a non immischiarsi troppo. L'eroina era più discreta, ma ora si fuma una o due canne prima, nel campus, in modo da arrivare stonato e perdere tempo il più serenamente possibile. Come al solito, la riunione va per le lunghe e il direttore del dipartimento propone di continuarla in una delle brasserie vicine. Appena concluso il giro di antipasti, non c'è più nulla di amministrativo di cui discutere.

Perrin ha con i suoi colleghi parigini un rapporto cordiale e distante, come quello che Amani gli ha insegnato a Tours. È benvoluto perché non fa storie, è d'accordo su tutto e non cerca di prendere il posto, il potere o il prestigio di nessuno. Ha fumato una canna in più, preparata in anticipo in caso di bisogno, tra la sala di riunione e il ristorante, perciò non teme il pranzo. Si sente capace di restare in disparte.

Taroumond è un professore ordinario a un anno dalla pensione, un esperto di letteratura americana nonché grande amante di whisky - uno dei suoi corsi su William

Faulkner è rimasto celebre perché non si parlava che di Jack Daniel's, «né bourbon né whisky». Perrin non ha con lui nessun rapporto in particolare a parte il fatto che lui è il più giovane del dipartimento e Taroumond il più vecchio. Il sessantenne ha sempre in tasca un'elegante fiaschetta argentata il cui contenuto non sopravvive mai alla sua permanenza nel campus. «La legge antifumo non si applica all'alcol», dice ai suoi studenti del primo anno prima di mandare giù qualche sorso, essendo anche un grande fumatore, furioso di doversi proibire la più piccola sigaretta nelle aule magne, come adesso al ristorante. In pubblico gli capita di lanciare delle grandi invettive su tutto e niente, le responsabilità reciproche degli uni e degli altri nella miseria dell'università o nel fallimento dei mezzi pubblici, l'arroganza dei tassisti e di certi studenti di master che credono di essere dei dottorandi, le urgenze che sono tali per i pazienti ma non per i medici... È divertente, a volte, spesso pesante.

Taroumond, inoltre, è diventato professore ordinario troppo tardi, così che non ne ha approfittato abbastanza. Perrin ne incontra un po' ovunque, nelle facoltà o ai congressi, di universitari così assetati di riconoscenza da non essere mai paghi, gente che troverebbe pace, forse, solo con l'overdose. Qualsiasi convegno a cui Taroumond non è invitato è organizzato contro di lui, la sua rabbia aumenta quanto più sono invitati colleghi che lo meritano cento volte meno. A Perrin piace la fantasia del suo principale, ma lo irrita la sua dipendenza dalla minima riga scritta su di lui, il suo spulciare ogni bibliografia, le frasi pungenti rivolte agli studenti che hanno dimenticato di citarlo e le umili lettere che elemosinano un riferimento al suo nome inviate a famosi intellettuali colpevoli della stessa mancanza. Non che tutto questo sia poi così estraneo a Perrin, ma lui, è più per la sua carriera di drogato che lo farebbe.

Casualmente, durante la conversazione, nel vocio tipico di una brasserie, Perrin rievoca con il suo vicino di sedia la tragedia che stava per succedere quando aveva scritto, riguardo a uno studente, «deficiente» al posto di «eccellente» a causa di un errore di battitura.

«Errore di batti-tura», interviene Taroumond con una voce tonante, sebbene nulla lasciasse supporre che stesse seguendo la loro conversazione.

Sconcertato, Perrin sorride come se si trattasse di uno scherzo privo di aggressività, non ha più l'età in cui gli si può rivolgere così la parola. Il resto della tavolata sembra interdetto, non capendo se la frase del professore ordinario vada interpretata come un attacco omofobo o una specie di gioco di parole. Taroumond è vedovo da vent'anni, a quel che si dice non ha nessuna amante, ma alcuni protetti.

«Errore di drogato, in ogni caso», dice il sessantenne per recuperare terreno su un argomento meno opinabile. «O forse il nostro giovane collega nega di essere un drogato?»

L'aggressività è palese. Perrin sa adesso cosa pensare delle parole di Taroumond, ma continua a non sapere come reagire. Anche perché l'espressione «i drogati» gli sembra tanto poco pertinente quanto «i malati», usata per designare al tempo stesso uno con il raffreddore, un malato di cancro e un ragazzino che si è rotto la gamba sciando.

«Suvvia, Jean», dice a Taroumond un collega sulla cinquantina nel tentativo di riprendere in mano la situazione e per non lasciar cadere nel vuoto le parole a cui Perrin non ha risposto.

«Ma lo sanno tutti che è un drogato», dice Taroumond alzando verso il cameriere il suo bicchiere vuoto di Jack Daniel's per farsene portare un altro. «Non lo dico perché sono ubriaco, non sono ubriaco. Lo dico perché è vero. Non fate gli ipocriti, chi di voi non mi ha mai parlato di Perrin e della sua bustina, di Perrin e della sua grossa siringa, di Perrin e della sua grossa cannuccia?».

Tutti protestano, evitando all'interessato di rispondere di persona.

«Grazie», dice Taroumond al cameriere che non ha perso tempo. «Li conosciamo, i drogati. Se almeno si accontentassero di distruggere solo se stessi, invece no, devono rompere le palle a tutti. Bell'esempio per gli studenti».

Nel suo bicchiere il whisky è già a metà. A tavola tutti gli altri discorsi si sono interrotti, sono tutti imbarazzati, in attesa che Perrin dica qualcosa.

Lui non apre bocca, gli sembra di non avere niente da dire.

«Sono i falliti che si drogano», continua Taroumond. «È pura pornografia. Ma che carriera farà a forza di drogarsi per ogni nonnulla, se è così che vuole attirare l'attenzione delle università americane sul suo lavoro, tante grazie. Qualcuno dovrebbe spiegargli che non è pagato per riempirsi naso, vene e polmoni di sostanze illegali. Un altro», aggiunge per il cameriere, con il bicchiere vuoto in mano.

Perrin è disorientato. Perché un simile flusso di insulti è inaspettato e anche perché la cosa non lo tange. Se ne frega di quel che dice Taroumond. Gli darebbe fastidio se gli altri fossero tutti d'accordo con l'aggressore perché ciò metterebbe in pericolo il suo incarico; ma lì, è chiaro che è l'uscita del suo aggressore a essere condannata dall'atmosfera pesante. La sua dignità non gli sembra intaccata dal vaneggiare di un ubriacone. Non è arrabbiato, piuttosto sorpreso. Eppure, a giudicare da come lo guardano gli altri, ha l'impressione che si aspettino qualcosa da lui, una risposta definitiva o un richiamo alla calma, qualsiasi cosa possa ripristinare la sua dignità. Ed è di questo che ha paura, che la sua dignità non gli appartenga più, che sia nelle mani o nelle opinioni degli altri. Teme di non reagire come dovrebbe, che la sua tolleranza in tale circostanza - la sua indifferenza - sia una vergogna.

«Non a caso si dice spesso "un deficiente di drogato"» s'inventa ora Taroumond. Più chiaro di così.

Come se anche il sessantenne fosse sorpreso che Perrin resti così tranquillo e di dover insistere per ottenere finalmente una reazione, come se cercasse lo scontro e il non ottenerlo fosse il peggior torto che gli si possa fare. Una tattica alla Charlus.

«Suvvia Jean», dice di nuovo il professore cinquantenne.

Per Perrin, è talmente evidente che sia Taroumond a

perdere la propria dignità da non capire come potrebbe essere minacciata la sua, quando invece è proprio ciò che sta accadendo.

«Andiamo, il signor Perrin penserà che non può accettare nessuna predica da un amante di Jack Daniel's», dice Taroumond. «Perché senz'altro il signor Perrin crede che il Jack Daniel's sia di gran lunga più dannoso dell'hashish e dell'eroina. Dovrebbe spiegarci com'è giunto a questa conclusione che nessun giurista né esperto di sanità pubblica hanno mai corroborato».

Difficile per Perrin non rispondere, e difficile rispondere. Perché, in fondo, questo è proprio ciò che crede.

*

L'ha sperimentato con Lusiau. L'eroina è scomparsa tra di loro, ma non la droga. Da quando hanno smesso, sia l'uno che l'altro sono passati seriamente ad altro, Perrin alle canne, Lusiau alla vodka. L'hashish, Perrin non lo considera grave, ma l'alcol... Ha un effetto disastroso sul suo amico. L'altra sera hanno cenato insieme a un critico d'arte che segue da tempo il lavoro di Lusiau, il quale, all'improvviso, dal niente come Taroumond, se l'è presa col suo ammiratore, dicendo che tutto ciò che aveva scritto sul suo conto era merda e che non c'era da stupirsi visto che i critici d'arte sono merda per definizione, che persino i mercanti sono persone più rispettabili perché almeno loro corrono dei rischi. Perrin ha cercato di interromperlo, ma Lusiau ci teneva a dilungarsi sull'argomento, reiterando le sue offese senza aggiungere una sola spiegazione, per il puro piacere di non mollare la preda. E quando è stato finalmente pago di aver scaricato i suoi insulti, Lusiau ha messo il braccio attorno al collo di Perrin per dire che lui invece era l'opposto di un imbecille, di una merda, che era suo amico, un vero amico, uno su cui contare in ogni circostanza. E Perrin si era sentito più che mai distante da Lusiau, felice che il fumo abbia secondo lui effetti sociali molto più blandi rispetto all'alcol. Gli sembrava che fosse più piacevole quando Lusiau si faceva di eroina, quando si facevano insieme.

Sentire con incredibile lucidità quando si è un tantino meno fatti e porvi rimedio è una prerogativa del drogato. Non che Taroumond abbia sete o che il suo sangue sia carente di alcol, semplicemente il suo cervello gli propone di riflesso di assorbire qualche goccia supplementare come fosse l'azione più naturale da intraprendere. Il concetto di dignità è ancora vivo in Perrin, eppure, quante sono le promesse che non ha mantenuto? Quando si trattava di interrompere il consumo a tale ora, di limitarlo a tanto al giorno, di astenersene quando il sesso chiamava. Questo Perrin lo capisce benissimo: il drogato non è ragionevole. Ma è un aggettivo che non si può utilizzare semplicemente come se rappresentasse una prigione. « - La vita può essere migliore - Sì, a patto di essere ragionevoli». Le caramelle, a volte, sono meglio della ragione. Taroumond è a un anno dalla pensione, i suoi colleghi non possono nulla né per lui né contro di lui, e lui non sa che farsene di quel che pensano del suo comportamento. È a questa meravigliosa indifferenza che aspirava, una conquista dell'alcol, il segno di una libertà finalmente acquisita. A scapito della sua dignità? Se c'è del masochismo nella dipendenza, la perdita della propria dignità è un'urgenza. Ma perderla non è così facile, è un'opera di ampio respiro che richiede risorse sempre più consistenti, di alcol, di roba, di lavoro, di amore. Anche questo Perrin lo capisce benissimo: bisogna continuamente alimentare la propria ossessione affinché continui a ossessionarci abbastanza.

C'è stato un tempo in cui Perrin non si faceva scrupoli a iniziare alla droga i suoi giovani amici occasionali, come fosse un regalo, ma ormai è giunta l'ora in cui non lo farebbe per nulla al mondo; ha troppa paura che qualcuno si droghi a causa sua. Un giorno, ha detto a Lusiau com'è comodo non dover più girare con la bustina sempre nascosta da qualche parte. «Ah sì, era troppo ingombrante», ha riso Lusiau. Un altro giorno, dopo una cena con un amico in comune che aveva tutte le ragioni per essere contento del proprio destino e che si lamentava di tutto, mai soddisfatto, Lusiau gli ha detto: «Cazzo, ma lui è dipendente dalla mancanza». Dalla mancanza o dalla paura della mancanza, chi non lo è?

*

«Perché pensa che le sue opinioni sulla droga e sui drogati siano così interessanti?» risponde infine Perrin senza confessare né rinnegare nulla.

«Perché io me ne intendo, di droga e di drogati», dice Taroumond. «Perché noi siamo fratelli».

Ed ecco che il professore ordinario scoppia in lacrime.

Questo vecchio uomo che lo odia o lo adora gli prende il collo con la mano e appiccica la propria guancia alla sua. Perrin è colto da un disgusto, fisico, morale.

«Fratelli», ripete Taroumond.

«Suvvia, Jean», dice di nuovo il pacificatore autoproclamato della tavolata poggiando anche lui una mano sulla spalla di Taroumond con intento affettuoso.

«No, no», dice il professore ordinario svincolandosi. «Non siamo fratelli, io e te. È Perrin mio fratello».

Perrin toglie con la propria mano la mano di Taroumond, scosta la propria guancia da quella umida del sessantenne. Dio, potrebbero essere fratelli, l'altro lo pensa per davvero. È questa fratellanza comunitaria che disgusta Perrin.

«Pensa di valere più di me», dice Taroumond respinto, facendo in modo che tutti sentano. «Ma sei mio fratello, che tu lo voglia o meno. Non si sceglie la propria famiglia».

Perrin vorrebbe tanto non avere mai fumato, non fumare mai più, non avere nulla a che vedere in nessun modo con questo ubriacone che ha l'età per essere suo padre.

Per riprendersi, escono tutti e due a fumare, come dei complici, Taroumond il suo tabacco e Perrin la sua sostanza.

«Alla nostra», dice il sessantenne portando a sé l'ennesimo bicchiere prima di svuotarlo in due sorsi.

Ora che Perrin è pulito, la sua salute fisica diventa una questione cruciale. Un pomeriggio, accetta di andare in palestra con Benassir che glielo ripeteva da anni e, con sua grande sorpresa, gli piace. Non solo per il fatto di vedere tutti quegli uomini nudi negli spogliatoi e sotto la doccia, spesso desiderosi di attirare sguardi e altro, ma anche, molto semplicemente, per il fatto di fare sport, di stancarsi, di finire l'allenamento con la maglietta inzuppata di sudore sano. Così s'iscrive in una palestra dove va sempre più spesso, tutti i giorni della settimana (Benassir gli ha spiegato che il suo corpo deve respirare, e che andarci troppo, sette giorni su sette, può solo fare danni). Lui esce di lì sempre pimpante. Ha la sensazione che sia la sua acredine, i suoi sentimenti negativi ciò che elimina sudando.

Ben presto, però, è tutto indolenzito.

«A che serve fare sport se poi ti becchi il mal di schiena?» gli dice Lusiau.

«Chi è vergine non ha mai malattie veneree», risponde Perrin per le rime, militando per la sua nuova causa.

Non gli piace che si abbia da ridire sui suoi piaceri.

Quando è seduto sulla cyclette, o corre sul tapis roulant, o è in piedi sull'ellittica i cui movimenti gli ricordano quelli dello sci di fondo, gli capita eccome di annoiarsi. Non è di quelli che si allenano con la musica nelle orecchie, lui si concentra sulla sua attività. A distrarlo, c'è solo il suo pensiero (non riflette, è animato da alcune idee prima di riuscire ad accedere al vuoto mentale) e i numeri che appaiono sul display dell'attrezzo. Lì può leggere secondo dopo secondo il tempo trascorso dall'inizio dell'esercizio, la quantità di calorie evaporate, la velocità che dovrà cercare man mano di migliorare, il numero di battiti cardiaci al minuto. Questo numero spesso lo inquieta. A volte, l'attrezzo indica che supera le duecento pulsazioni al minuto e lui teme che sia troppo. Tanto più che ci sono delle notevoli variazioni di qualche secondo, questo display non deve essere affidabile ma sarebbe bene sapere qual è il limite di battiti che può raggiungere il suo cuore senza rischiare l'overdose.

«Lo capirà da sé», gli dice la dottoressa Darboy. «Quando sente che è troppo, si fermi».

«La stupirà il fatto che ora faccia così tanto sport, no?» dice Perrin a caccia di complimenti.

È così fiero di questa sua nuova vita.

«Per niente», dice lei. «Capita spesso, lo sport è una tossicomania come un'altra».

«Sì. Ma è la prima volta che prima di prendere una droga vado ad accertarmi che non faccia male alla salute».

Si instaura uno schema ossessivo. Settimana dopo settimana, ogni giorno ha il suo attrezzo. Il che suscita un pizzico di angoscia: e se ci fosse troppa gente, se l'attrezzo che vuole non fosse disponibile il giorno prestabilito? La stessa stretta al cuore che aveva ogni volta prima di telefonare a uno spacciatore: sarà raggiungibile? Ma tutto si risolve, c'è sempre una soluzione, a costo di invertire in via eccezionale due attrezzi, pedalare il giorno della corsa o correre il giorno della cyclette, peripezie del genere. Lo sport, in ogni caso, è una compulsione diversa. Bisogna recarsi sul posto, spogliarsi e mettersi in tenuta, come se Perrin dovesse andare a ogni consumo a casa dello spacciatore, come se non potesse fare scorte. Il tempo passato in palestra lo rallegra. Ne parla a tutti i suoi amici, si fa fautore di questa nuova attività. Con lo sport, libero corso alla parola. Si vanta di fare nuovi adepti. A chi si congratula con lui per la sua perseveranza, risponde che raggiungere tale costanza è di una semplicità disarmante. «La sola difficoltà è diventarne dipendenti. Ma, una volta che lo si è, tutto va da sé».

È sempre uguale, eppure ogni volta succede qualcosa da raccontare a Benassir: «Stamattina, a un tipo era caduto l'asciugamano. Gliel'ho raccolto e lui mi ha ringraziato in modo stragentile, anche dopo aver finito. Fa piacere». Eventi di questa portata.

La vita si è ripresa i suoi diritti, con tutti i vantaggi e gli svantaggi del caso. Col passare del tempo, Perrin raddoppia quello che dedica a correre, pedalare, vogare. È allenato, il suo corpo si è abituato. Le dosi precedenti non gli fanno più lo stesso effetto, deve cedere ad altre abitudini.

«Mai nessuno è andato in palestra con il tuo stesso entusiasmo», gli dice una sera Benassir che, dalla finestra, l'ha visto andarsene al mattino a passo più che spedito.

È fantastico anche perché Perrin non deve mentire. Quando va a fare sport può dire che va a fare sport. Certo, se è per declinare o ritardare un appuntamento, non è la scusa più efficace («Ah, preferisci passare il tempo a fare sport invece che con me!»), ma può sempre far passare la sua permanenza in palestra per una necessità igienica, è così che il suo corpo respira al massimo e con il suo corpo tutto il suo essere. Va pazzo per la palestra, ma come ci si annoia.

Niente gli è più familiare della noia. Ha sempre adoperato tutto il suo ingegno per arginarla. Gli piace fare le cose in fretta, così prima le finisce e prima si annoia, ritrovandosi a disposizione un tempo di cui non sa che farsene - ma di cui ha il controllo, in cui non si cela nessun obbligo. È dipendente dal tempo per il tempo, per il fatto di averlo sottomano, come se lo capitalizzasse, lo mettesse da parte. Tutta la sua vita consiste nell'indirizzare la sua noia. Prima verso l'eroina, ora verso lo sport, che nuoce di meno al suo conto in banca e ai suoi rapporti cosiddetti umani.

Bisogna immaginarselo sul tapis roulant mentre aumenta la potenza ogni due minuti accelerando la velocità della corsa, non avendo nient'altro da fare che stancarsi. È per questo che corre, per essere sfinito, mille volte più sudato che nel cuore della peggiore astinenza, risultato che ottiene solo dopo aver passato un bel po' di tempo a correre più lentamente, paziente, senza sudare, senza essere ancora stanco, ma senza nemmeno uccidersi a forzare il ritmo, cosa che gli impedirebbe di resistere a lungo. Prima di essere abbastanza stanco da diventare refrattario a qualsiasi sentimento, si annoia. Con gli occhi puntati sul display del suo attrezzo, guarda con soddisfazione scorrere i secondi, come le ore e i giorni quando era in astinenza, quando ogni minuto passato lo allontanava dall'inferno così come adesso ogni secondo trascorso lo avvicina al suo piccolo paradiso quotidiano. È comunque strano, essere perennemente felici che il tempo passi.

Guarda scorrere i secondi per farla finita con loro e con tutti i minuti e le mezz'ore via via accumulatisi. Eterna occupazione che riprende giorno dopo giorno, a ogni puntata in palestra o nei centri fitness degli alberghi quando è in viaggio. È come scopare, in fondo: adora farlo ma è bello anche una volta finito. Come ci si sente riposati dopo lo sforzo.

Si instaurano delle ferree abitudini: non solo il giorno assegnato a ciascuna attività, ma il posto che si è accaparrato nello spogliatoio, il modo di svestirsi e di vestirsi (prima a torso nudo per infilarsi una maglietta, poi togliersi scarpe, pantaloni e slip per mettersi in pantaloncini e, infine, sostituire i calzini con quelli sportivi, seduto per bene in modo da non toccare con i piedi il pavimento pieno di micosi da palestra), la borraccia che riempie e svuota per idratarsi prima di pisciare per poi riempirla di nuovo per non farsi mancare una sola goccia d'acqua durante l'esercizio, il suo modo di pulire l'attrezzo dopo l'uso affinché sia più invitante per l'utilizzatore successivo.

Persino durante lo sforzo si concede un po' d'acqua, tre sorsi ogni tre minuti e venti secondi, ossia ogni duecento secondi. Concentrarsi sul momento giusto è un modo per distrarsi - se se lo lascia sfuggire, al diavolo l'acqua.

Un altro conteggio determina in quali istanti precisi può asciugarsi il collo, la faccia e le braccia con il panno di carta che serve anche a pulire gli attrezzi. All'inizio dell'esercizio sa quindi con precisione quanta gliene serve e ne prende sempre un po' in più, non si sa mai. Nemmeno la carta vuole farsi mancare, col rischio di essere disturbato dal suo stesso sudore che inonda l'attrezzo e il pavimento accanto, vanificando così tutti i suoi calcoli e premeditazioni. Tanto più che gli piace anche soffiarcisi il naso, cosa che libera le vie respiratorie migliorando dunque la performance, a patto che sia stato abbastanza attento nell'asciugarsi in modo da lasciare intatto un angolo del panno che non aspetta che il suo muco. Se gli avanza ancora carta alla fine, non ha scrupoli a utilizzarla solo per questo scopo.

È sempre una bella sensazione quando finisce. Ha calcolato quanto tempo gli ci vuole per una sessione completa, dal momento in cui arriva e dà la sua tessera socio all'ingresso fino all'istante in cui, lavato e rivestito, se la riprende. Ma, quando lo sforzo è finito, lui non ha fretta, gli resta un po' di stretching da fare, senza contare una sessione di esercizi per scolpire gli addominali. Ci passa il tempo necessario per sentire tirare i muscoli, perché il lavoro sia efficace. Un giorno, una consulente sportiva della palestra, nel vederlo sfiancarsi, gli dice che non è nella posizione corretta, che deve mettere le braccia così e alzare di meno il corpo se vuole trarre beneficio dallo sforzo. Perrin lo fa immediatamente ed è immediatamente ricompensato: in questa nuova posizione, i suoi muscoli soffrono molto prima e, siccome smette quando gli addominali gli fanno troppo male, guadagna ancora qualche secondo. Anche l'estate è un'alleata: quando non ha maglioni da togliere o camicie da sbottonare e poi riabbottonare, ma una semplice maglietta o una polo, mette in saccoccia quasi un intero minuto in più.

Quando è terminato anche lo stretching e lui è tornato nello spogliatoio, per prima cosa tira fuori la borsa dall'armadietto da cui prende infradito e docciaschiuma. Dopodiché si leva innanzitutto le scarpe, perché è troppo piacevole, e poi si spoglia del tutto, sempre con le infradito ai piedi in modo da evitare ogni contatto con il pavimento dermatologicamente dubbio. Un asciugamano attorno alla vita gli permette di mantenere la decenza in questo ambiente in cui altri uomini non si prendono questa briga, il fatto di essere in fondo allo spogliatoio gli dà pieno diritto di attraversarlo per intero e di passare davanti a quei sessi e quei sederi più o meno in mostra.

Beve così tanto durante lo sforzo che non riesce ad eliminare tutto con la sola sudorazione. Allora piscia se necessario sotto la doccia, per guadagnare ulteriori secondi.

A lungo, per precauzione medica, ha evitato di fare sport i giorni in cui prende l'aereo. E a un certo punto non si vieta più niente e non insorge alcun problema. E le sue articolazioni continuano a reggere: nessun motivo per limitarne la consumazione.

Ci va la mattina, così non deve interrogarsi sul suo umore o su come iniziare la giornata. Anche lo sport è una buona ragione per alzarsi. Adesso, non solo insegna a Parigi, ma è riuscito ad avere le mattine libere, a scapito di quasi tutti i pomeriggi. Gli manca così tanto quando non va in palestra che adopera tutta la sua immaginazione per poterlo fare sempre.

A forza di essere lì più o meno alla stessa ora tutti i giorni, lega con gli habitué del suo orario. Legami soprattutto visivi, di tacita complicità. Infatti ci sono due tipologie di sportivi in questa palestra: quelli che sono felici di trovarvi una vita sociale e che chiacchierano per ore e ore tra due esercizi praticati alla maniera blanda, e quelli, di cui fa parte lui, per i quali l'allenamento è tutto e tutto ciò che è sociale lo intralcia. Non gli piace essere disturbato, nemmeno quando a correre accanto a lui c'è Benassir. È una bolla quella che si costruisce mentre pedala, corre o rema, la minima interferenza esterna la fa scoppiare.

Pur non avendo scambi verbali, fa conoscenza con questi esseri che condividono la sua stessa ossessione e il momento in cui le dà sfogo. Possono arrivare persino a dirsi ciao, ma niente di più - scambiarsi frasi più originali li distoglierebbe dalla loro passione comune. Lui non rivolge mai la parola a quelli che parlano in continuazione disturbando la sua concentrazione. Anzi, se incrocia il loro sguardo, ricambia con uno sgradevole, che imparino a star zitti. Quando è sul suo attrezzo, non saluta nessuno, amico o nemico, troppo impegnato. I suoi veri nemici sono quelli che non rispettano le regole, quelli che barano, lasciando l'asciugamano su un attrezzo per prenotarlo quando invece sono appena arrivati e devono ancora cambiarsi, oppure armeggiando con i pulsanti per prolungare la durata del loro esercizio oltre il tempo prestabilito quando sono in molti ad aspettare per quell'attrezzo. Lo fa imbestialire il fatto che la palestra non mantenga un po' più di ordine.

I gay hanno talmente la fama di assidui frequentatori di palestre che la prospettiva di incontrare un amante ha avuto il suo peso quando Perrin ha iniziato questa nuova attività. Sebbene sia un po' passata in secondo piano, non è del tutto svanita. Del resto, però, la maggior parte dei ragazzi lì dentro non sono il suo tipo, né lui è palesemente il loro. Quando incrocia uno sguardo in pieno sforzo fisico, o quando ha appena concluso il suo e ci è ancora dentro, prendendosi tutto il tempo per respirare al meglio, sorride, non per seduzione, ma per complicità - sono in due a condividere questa inaspettata passione per il sudore e la fatica. E poi si crea una certa intimità in una palestra, forse nemmeno i suoi amici più stretti lo hanno mai visto sfacchinare in pantaloncini alla sua età.

Ogni volta Perrin esce dalla palestra pimpante, pieno di energia sana e con la mente leggera. Certo che gli viene l'idea di associare lo sport a una droga, con tutte le riserve che ogni droga suscita riguardo alla salute psichica. Questa endorfina che produce giorno dopo giorno attraverso lo sforzo, sarebbe uno sforzo ancor maggiore non chiamarla più in causa. Una simile pigrizia sarebbe uno sbaglio. Lo sport è una droga che lo fa sentire a posto con la coscienza e a cui nulla gli impedisce di attingere all'infinito, eccetto la stanchezza, e, chissà, presto, l'età. Ma non ha forse commesso un errore? Non è nell'altro senso che avrebbe dovuto intraprendere il suo chiaroscuro, la sua gradazione di sostanze stupefacenti? Ha fatto tutto al contrario. Avrebbe dovuto iniziare a drogarsi di sport e arrivare solo da vecchio all'eroina, quando la necessità di privarsene definitivamente avrebbe pesato di meno. Sarebbe stato più saggio, più conforme al suo corpo e alla sua carriera. Se non fosse che chi fa sport da giovane è poi costretto a continuare, pena la vista del proprio corpo in rovina. Sotto questo aspetto, a vent'anni Perrin non ha corso alcun rischio, mai e poi mai avrebbe messo piede in una palestra. E adesso, lo sport è la migliore droga del mondo. In pieno sforzo, è l'apice del non pensare a niente, il miglior sballo garantito. Il tempo dello sport scorre in un circuito chiuso, fuori dalla portata degli imprevisti dell'esistenza, salvo tendiniti, stiramenti e distorsioni. Nemmeno lo sballo che suscita dura a lungo. Ma può darsi che, a forza di equilibrio sportivo, Perrin abbia meno bisogno di sballarsi, e che vivere sia un compito minore, meno spaventoso, meno sfibrante se è allenato. In questo esercizio, tutti diventano un po' sportivi invecchiando.

Un giorno, il suo vicino di tapis roulant è un ragazzo giovane e bello che si interessa alla sua corsa e prende l'iniziativa di dargli dei consigli. È anche nella speranza di una situazione del genere che Perrin si è messo a fare sport.

«Dovrebbe andare più veloce, è più efficace», dice il ragazzo.

Ma Perrin ha paura di andare troppo veloce. Teme che un ritmo esageratamente rapido causi un ritmo esageratamente lento in un futuro prossimo. Certo che, nel calcolo della sua media oraria, perde un sacco di tempo a non iniziare al massimo. Tuttavia, rischierebbe di accasciarsi a terra a voler precipitare le cose. Andare più veloce significherebbe andare troppo veloce e il ritmo attuale gli va benissimo. Il meglio è nemico del bene, il cambiamento, ossia l'ignoto, è un avversario del controllo totale. La sua tabella di marcia può cambiarla col passare delle settimane, ma non certo così, per un colpo di testa.

«Grazie», dice Perrin, felice di fare conoscenza. «Ma per ora, mi va bene così».

«Glielo assicuro», dice il giovane e avvenente ragazzo.

«Forse sono troppo vecchio ma, per me, va bene così», dice Perrin.

A forza di aumentare progressivamente tra qualche minuto correrà a una velocità già importante, se solo il ragazzo restasse un altro po' sul tapis roulant potrebbe constatarlo lui stesso - perché, per quanto vecchio dica di essere, Perrin raggiunge comunque una velocità assai rispettabile. L'altro non aspetta fino a quel momento, lascia troppo presto il suo attrezzo, con uno sguardo dispiaciuto per il suo vicino.

Il ragazzo è di nuovo lì due giorni dopo e Perrin sceglie il tapis roulant accanto al suo. Non è in palestra per cercare un amante ma un amante non si disprezza mai e, visto che l'altro gli ha rivolto la parola, c'è il barlume di qualcosa tra di loro. Il patito delle corse veloci non sembra gay, ma Perrin non è molto abile a rilevare i gusti sessuali fuori dal letto.

Non cambia niente, inizia lentamente.

«Glielo assicuro», ripete il ragazzo. «Sarebbe molto meglio se andasse più veloce».

Perrin non cede, accelera solo in base al suo programma pluricollaudato.

«Sicuro che è troppo vecchio», dice infine il ragazzo lasciando il suo attrezzo.

Lo dice con un'aggressività che Perrin avverte senza crucciarsi. La relazione tra di loro è finita. Un'avventura sarebbe stata senz'altro molto avventurosa con un consulente così prodigo di consigli. C'è da credere che lo sport sia più sexy di un ragazzo che in fondo non lo era così tanto. Può darsi che sia meglio così, ma nonostante tutto c'è qualcosa di deludente nell'episodio.

Perrin va in palestra la mattina anche per non doverci andare dopo, per sbarazzarsene, ma non è un'ambizione così esaltante liberarsi dei propri piaceri.

I cessi della storia

Ormai, Perrin si annoia quando piscia. L'abolizione dell'eroina non ha avuto effetti sulla sua vescica. Subito dopo che ha smesso, quando la droga non era più nel suo sangue ma era ancora nella sua mente, quando a tavola si assentava per andare in bagno, gli è capitato di vedere nello sguardo dell'altro un sospetto di cui non si preoccupava più dal tempo in cui sospettare era lecito. Ogni permanenza in bagno gli ricordava ciò che fino a poco tempo prima aveva l'occasione di fare lì dentro.

Ormai, quando piscia, piscia e basta. E ci va ancora dieci volte al giorno. A volte rimpiange i tempi in cui era tutto più vivace. Poteva anche cominciare col pisciare se necessario ma questa azione era poi sublimata da quella successiva, l'assunzione di eroina che trasformava tutta la faccenda in felicità, o in soddisfazione, o in sollievo, a seconda del livello di eroinomania in cui si trovava. In fondo, però, preferiva prima rifocillarsi il sangue e poi pisciare, in modo che se per caso a qualcuno lì fuori fosse sembrato eccessivo il tempo trascorso in bagno, questi potesse essere quanto meno rassicurato, qualora colto dall'impazienza, dall'evidenza sonora del fatto che Perrin stava davvero pisciando. Adesso, ha un bell'avere il suo sesso tra le dita, tutto ciò non è molto eccitante. Può giusto tentare di colpire l'acqua al centro per fare più rumore possibile e poter dire, come Guillaume Depardieu nel film *Les Apprentis*: «Mi affermo». O, al contrario, non dovendo più dare prove udibili, dirigere il getto sulle pareti, senza capire se questo aumenti o riduca il rischio di schizzi i quali non sembrano rispondere ad alcuna regola precisa - pur mettendoci tutta la buona volontà, ce ne sono, a meno che una parte del getto non devii sin dall'inizio e allora non sono più schizzi ma una pozzanghera. Chiacchiere da mercanti di pipì. Era più facile stare seduti come una ragazza, e più allegro.

Aveva svariate strategie. A volte si sedeva sulla tavoletta, completamente vestito o con i pantaloni e gli slip calati, e tirava fuori dalla custodia di plastica della carta di credito il triangolino di carta ripiegato con dentro il suo tesoro. Poi prendeva con la carta una piccola quantità di roba che disponeva sull'astuccio e, con il taglierino, ne appiattiva le protuberanze, affinché nulla gli restasse bloccato nel naso senza raggiungere il sangue, affinché nulla andasse perduto. Poi, con una banconota arrotolata, poteva sniffare facilmente la merce. Dopodiché, si trovava ancora nella posizione per pisciare, anche se gli capitava di alzarsi per farlo. A volte, tuttavia, abbassava la tavoletta e ci si accovacciava davanti (sarebbe stato meno faticoso inginocchiarsi ma doveva anche pensare ai suoi pantaloni), e faceva tutto il suo maneggio sul copriwater. In caso di una pera, gli bastava entrare con la tracolla e restarci un po' più a lungo, ma non necessariamente più di quanto resti una ragazza in bagno prima dell'amore.

Il luogo e le condizioni dell'assunzione potevano apparire poco invitanti, sta di fatto che non gli toglievano mai l'appetito. Ci ha anche già scopato, nei cessi, non preclude mica il piacere. Ed è sempre lì che si sono verificate delle azioni decisive, che ha gettato nella tazza l'eroina, la quale, tutto sommato, era mille volte meglio lì che altrove. Il gabinetto, teatro di tanti exploit, ora solo una perdita di tempo.

*

Fare l'amore: un atto su cui l'eroina ha lasciato il segno e su cui si aggira ormai l'impotenza. Perrin teme che resti nella sua vita come una paura attaccatagli alla pelle. Non che sia incapace, è piuttosto che l'incapacità è una possibilità, un'opzione. Ogni uomo si confronta con questa faccenda, dall'adolescente che perfeziona il suo sverginamento all'esperto sadomaso che rischia di far cadere nel ridicolo la sua performance con un flop dell'ultimo secondo («Per favore, aspetta che mi si rizzi, troia»). Si prova vergogna per lo zoofilo che non riesce a penetrare la capra o semplice delusione? Esiste uno stato innocente dell'impotenza? Lo sanno tutti che sono cose che possono succedere.

Ma Perrin ha conosciuto la flaccidezza più del dovuto, e di sua spontanea volontà, nonostante tutto: perché era dipendente, certo, ma dall'eroina, era stato lui a scegliere, avrebbe potuto esserlo dal sesso. Ha degli amici (non stretti, se ne tiene un po' alla larga come si fa con qualunque drogato) così, sessodipendenti secondo la sua visione, i quali non possono vivere se non hanno almeno un nuovo partner al giorno, che passano la loro vita a lottare contro questa mancanza per cui è difficile fare scorte, avere il proprio manipolo di amanti da utilizzare in seguito. Questi amici non sono dei trombatori di una botta e via che gettano la loro conquista di un quarto d'ora senza la speranza di un ritorno. Spesso li ricevono altre volte nel loro letto così da avere, col passare del tempo, una riserva abbastanza numerosa per dissipare la paura di una carestia. Ma hanno anche bisogno di nuovi o nuove amanti, ragion per cui le scorte non servono a niente, non si può fare incetta di novità.

A volte, Perrin li guarda con superiorità, tutti presi dai loro affetti, amori, come se questo modo di usare il sesso fosse pornografico; a volte, invece, è il suo di modo a sembrargli pornografico, come se l'erotismo fosse tutto nella sessualità sfrenata, e lui, a forza di fare scorta di amore della sua vita restasse avaramente cauto. Come se l'amore della sua vita fosse un mezzo per farla finita con l'amore, proprio come l'eroina è un mezzo per farla finita con il sesso. Ma non è farla finita: il rovescio della medaglia è sempre in agguato.

Ogni uomo si confronta con l'impotenza, ogni uomo e ogni donna. Perché bisogna considerarla anche dal punto di vista dell'altro. È un brutto tiro che l'altro deve subire, in cui non sa giudicare quanto sia responsabile, il flop dell'uno ricade sull'altro. Ogni uomo ci si confronta nella teoria e nella pratica, psicologicamente e fisicamente. Può succedere sempre e a volte succede, e conoscere il pericolo non fa che aggravarlo. Perrin lo conosce benissimo, tanto più che, alla lunga, non era nemmeno un pericolo ma solo un prezzo da pagare in cui non vedeva alcun debitore, scambiando l'umiliazione dell'altro per perdite e profitti (esiste un egoismo del flop), e liquidando la propria con il motivo stesso che la provocava, il suo impegno con l'eroina, condannabile forse, ma di cui non si poteva certo negare l'esistenza. Senza la roba, il sesso è restituito a se stesso e, se la libertà fosse una felicità permanente, la dipendenza sarebbe meno ambita. La sottomissione non è solo masochismo, a volte è semplice comodità. O forse la comodità è masochismo, passare la vita a non esplorare nulla fino in fondo? La libertà è l'indipendenza o piuttosto l'equilibrio delle varie dipendenze, in cui ognuna stempera l'altra?

L'impotenza: meglio di un vergine dell'eroina, Perrin sa che esiste. Sa che bisogna conviverci, che è un'opzione e una fatalità. Adesso, quando ripensa ai tempi della roba, non vuole a tutti costi cercarne la causa come se non avesse avuto una buona ragione per farsi, come se conoscerne la causa gli evitasse di confrontarcisi o come se la causa stessa si volatilizzasse una volta espressa - come se la psicanalisi fosse l'unico rimedio quando invece c'è gente che la fa per anni e che sente comunque la mancanza del proprio analista quando questi va in vacanza con i loro soldi. Se si tratta semplicemente di cercare la droga più accettata, che la smettano di intossicarlo con l'ideale della disintossicazione.

Perrin è caduto nella pozione diabolica dopo mesi d'intensa vita sessuale, quando anche lui usciva tutte le sere a caccia di un piacere condiviso. Era tempo di piantarla con questi eccessi e il rimedio è stato radicale. Aspirava a qualcos'altro, ok, ma non poteva essere l'impotenza. Bisogna essere pazzi per sputare sulla pornografia. Chiunque ne è avido, prima o poi. Chiunque ne è dipendente, a intervalli più o meno ampi. Questa la sua domanda ricorrente: dov'è la pornografia, dove l'erotismo se quest'ultimo è oscenità, indecenza? E i suoi corollari: in quale morale rientra la meccanica? Quanto è sconcio l'amore? Di quale orrore l'eroina è l'antidoto?

Non c'è nulla di scandaloso nel sostenere che godere è più sano del non godere, che fare sesso in compagnia è più normale del non farlo. Non appena ha preso le distanze dall'eroina, una nuova visione del mondo si è imposta a Perrin, quella che hanno tutti, che non è una visione ma una necessità, non un'opzione ma una fatalità. Non c'è una dipendenza, solo delle prove di dipendenza. Perrin aveva un bell'argomentare con se stesso, c'erano dei fatti lampanti: la sua sessualità era il parente povero della sua vita eroinomane, era sacrificata a tavolino. Non dovrebbe essere imbarazzato nel riprendersela, simile a un popolo che, rinunciando a gettare i propri figli nel fuoco di un vulcano in eruzione per calmare gli dei malvagi, si ritrovi poi pieno di piccoli superstiti di cui non aveva mai programmato di provvedere all'istruzione. Dovrebbe essere pur possibile organizzarsi.

È come se ci fosse ancora un pericolo nel fare l'amore, un rischio, come fosse una prova anche. Al tempo stesso, è sempre lì, in un angolo della testa, quando non si soddisfa la propria sessualità in solitudine. Per Perrin, questa presenza è più forte. Immagina di cambiare certi slogan:

«*Make sex, not fix*». Ecco una cosa più efficace nella lotta contro l'eroina rispetto a ciò che viene generalmente escogitato. E il Viagra, non è forse l'equivalente di una bella dose, di una bella sniffata? Nemmeno ha pensato al paragone che è subito curioso del prodotto. Sarà la sua scorta: non vale nemmeno la pena prenderlo se sa di avercelo sotto mano, come ogni droga. Eppure, c'è sempre chi si droga, è da pensare che non basti l'idea del piacere, che serva anche il piacere in sé.

Il sesso ha il suo fascino. Fare l'amore, si ricorda che gli piaceva, un tempo, e l'appetito non gli è certo passato ora che le circostanze sono di nuovo favorevoli allo sfoggio della sua erudizione fisica. Un amico che ha usato il Viagra unicamente per moltiplicare le sue erezioni, ne parla a Perrin come di una droga che sarebbe troppo sciocco lasciarsi sfuggire. «I tipi che si vantano di non doverne mai prendere, è solo perché non traboccano di idee né tantomeno di partner». Per Perrin, là dove il Viagra si rivela davvero utile è per andare a letto senza brutte sorprese con chi desidera senza particolare entusiasmo. Ma prendere un coadiuvante per fare l'amore con chi non se ne ha davvero voglia, è la definizione stessa della dipendenza. «Non ci tengo a scopare ma non posso fare altrimenti». Sente in televisione Jean-Luc Godard che cita Stalin tutto sorridente: «Se non ci riuscite con la qualità, provate con la quantità».

Ma la qualità è nella novità e la novità reclama la quantità. Certo, esistono migliaia di posizioni, migliaia di disposizioni psicologiche, migliaia di situazioni da inscenare: in teoria, nulla vieta di evitare le ripetizioni con un unico partner. Ciononostante, la cosa più facile per cambiare è cambiare partner, così che l'orgasmo non sopraggiunga sempre con lo stesso corpo. Se potesse cambiare droga ogni giorno, senza attaccarsi a nessuna, eccome se lo farebbe. Ogni giorno, tuttavia, sarebbe troppo, poiché ogni volta bisognerebbe trovare lo spacciatore appropriato, ogni volta fare rifornimento, ci passerebbe tutta la vita. Attaccarsi è la cosa più comoda. Non vorrà sprecare le sue serate a sfoggiare con dubbio successo tentativi di seduzione che gli risucchierebbero tutto il tempo. Coglierà ogni occasione, certo, ma l'amore della sua vita sarà il suo compagno sessuale privilegiato. Esiste un'impotenza legata all'abitudine, all'aver fatto troppo spesso l'amore con l'altro, oltre ogni limite? Ma la sicurezza è eccitante quando è sinonimo di orgasmo assicurato.

Si porta a casa un ragazzo. Va tutto bene finché Perrin non ci riesce. «Ti fai di eroina?» chiede il ragazzo senza che Perrin capisca se la sua reputazione lo abbia preceduto. «No» risponde indignato. Sono settimane che non si fa più, non ha motivo di interferire sul suo apparato genitale - sarebbe un'ingiustizia. Semplicemente, ha investito troppo in quel rimedio contro la roba. Anche stavolta, è costretto a dedicarsi esclusivamente all'orgasmo dell'altro - generosità forzata che lo fa sentire patetico. Come se le sue fantasie stravaganti e sfrontate, tagliate completamente fuori dalla realtà, fossero un modo non per lottare ma per provocare l'impotenza. Giusto trovare un tipo e farci l'amore, ecco la fantasia ideale. La funzione ripristinerà l'organo.

Per quanto distruttrice sia, Perrin ci vede anche un che

di salutare nel principio stesso dell'ossessione. Scomparsa l'eroina, esercita la sua tossicomania soprattutto nello sport, nel lavoro e nell'amore. Come tossicomanie sono meno pure, tagliate con la virtù. Troverà sempre qualcuno che le approverà. Sarebbe meglio per tutti se il tizio che violenta e uccide bambine o bambini preferisse passare il tempo davanti ai videogiochi.

«Ci amiamo ma non ci manchiamo», gli dice Benassir prima di partire da solo per tre settimane in Tunisia.

Perrin è sorpreso dalla frase, perché è vera e lui non l'avrebbe mai detta. Non si aspettava che Benassir fosse così esperto di mancanze, immaginando che fosse piuttosto una sua prerogativa. Eppure è da parecchio che il giovane tunisino ha dimostrato la sua conoscenza in materia, se Perrin si ricorda dei suoi primi viaggi laggiù.

Un giorno, quando si conosono solo da poche settimane, vanno a visitare le rovine di Cartagine. Perrin se ne infischia, ma Benassir gliel'ha proposta come una gita e non vuole deluderlo, anche se non ha preso l'aereo per fare il pieno di siti archeologici bensì del suo innamorato. La stagione non è favorevole e non ci sono turisti, sono soli su tutta l'estensione del luogo. Il tempo è fresco e c'è il sole. Hanno camminato per arrivare fin lì e il tragitto è sembrato interminabile a Perrin che è in piena astinenza. Non si aspetta niente da questa escursione a parte passare del tempo con Benassir, ma teme di non essere all'altezza della circostanza, di trascinarsi talmente con il corpo da far sprofondare anche la mente. Il sito lo sconvolge. Essere lì con Benassir è pura emozione, una comunione.

Guardare, respirare, camminare, essere contento: gode

appieno della realtà. La presenza di Benassir è un rifugio che lo accompagna passo dopo passo. Anche l'assenza di eroina lo è. Gli capita a volte, giorni benedetti in cui l'astinenza lo mette nello stesso stato in cui lo mette la sua droga, in cui tutto è benvenuto, tutto tocca la sua sensibilità per il meglio. Come quando ha la febbre a 40 e delirare ha sì i suoi inconvenienti ma anche i suoi vantaggi, fosse anche solo quello di non essere nel suo stato normale che è in fondo la prima cosa che ricerca drogandosi e che può quindi raggiungere anche non drogandosi. È sfinito ma è in un mondo insolito, la cui percezione è esacerbata. Se non ci fosse Benassir, forse si metterebbe a singhiozzare dalla disperazione ma Benassir c'è, per di più commosso dall'emozione che suscita la visita, allora la vita è bella. Questo sentimento di pienezza, amore e bellezza, nulla potrà impedire loro di averlo condiviso. Le rovine di Cartagine non potranno andare distrutte.

Sono diversi anni, ormai, che Benassir e Perrin vivono insieme a Parigi. Insieme nel miglior senso del termine, quando non è mai un fastidio. Hanno ognuno il proprio appartamentino, a cinque minuti l'uno dall'altro. Sono più vicini che mai, ma liberi di ricevere un amante o un amore senza dover escogitare nessuna tattica. Hanno fatto l'amore così spesso che non è più la priorità del loro legame. La loro relazione, un tempo così forte, così folle, proprio adesso che gli sembra più sensata si rivela più forte e insensata. Il non vedersi non gli manca, tanta è la fiducia che ripongono l'uno nell'amore dell'altro, tanto è forte la psiche più della distanza, per un po'. Come se la teoria superasse la pratica: sapere che l'altro esiste permette di farne astrazione, la potenza della relazione è superiore a ogni sua manifestazione, sdrammatizzando in fretta qualsiasi incidente. È questa la comodità più grande, la relazione in sé. La loro certezza di stare insieme è tale anche quando non lo sono, ovvio allora che non si mancano. È questo, l'amore della propria vita, qualcuno su cui poter contare - come se Perrin avesse in camera un baule pieno zeppo di eroina, ragion per cui gli spacciatori possono cadere come mosche e i soldi volatilizzarsi, lui non rischia niente. Se non fosse che limita la vita amorosa avere già l'amore della propria vita, registrato e salvato. Tutti vi aspirano, ma si aspira poi così spesso a ragion veduta?

La relazione non è sempre stata così serena. Per un po' Benassir ha visto un altro uomo di cui era innamorato. Ma né Perrin né il suo giovane amante volevano perdersi. Così Benassir si è diviso tra i due ed è stato l'amante più recente a reggere meno bene la situazione. Un giorno, Benassir racconta a Perrin che con l'altro è finita, che l'altro ha alzato le mani su di lui. Perrin è fuori di sé. Due giorni dopo, Perrin è solo a casa con la rabbia ancora alle stelle quando riceve una telefonata inaspettata dall'amante sparito che ufficializza la rottura. Chiama per raccomandargli Benassir, perché l'amante che resta si prenda cura del giovane uomo, ne rispetti la sensibilità, la delicatezza. «Mi stupisce che sia proprio lei a darmi questo consiglio» dice Perrin il più seccamente possibile. L'altro non ha assolutamente modo di intavolare una conversazione complice.

Quando Perrin gli riferisce l'accaduto, Benassir risponde semplicemente: «Ti prego, non essere sgradevole con lui», e non sa come interpretarlo. Era vero il racconto? L'altro l'ha davvero picchiato? O la scena è solo un pretesto? In una parola: Benassir gli ha mentito? Ora, con l'amore della propria vita, non si può entrare in un simile dilemma. Perrin è convinto che, in fondo, Benassir gli dica sempre la verità, anche se questa non salta agli occhi, anche se, in seconda battuta, non è quella che credeva. Lo sa bene: mentire per l'eroina non è mentire, è il normale modo di procurarsela. Nessuno si aspettava che andasse a urlare ai quattro venti: «Non possiamo vederci perché devo vedermi con il mio spacciatore che ha la priorità assoluta su tutti, compreso l'amore della mia vita, perché appunto me lo vende, me lo prostituisce, l'altro amore della mia vita». Ognuno cerca la propria droga, ognuno traffica come vuole con l'amore o con la verità, purché un patto più o meno implicito garantisca che lo fa anche per l'altro. Va anche bene, a Perrin, meravigliarsi dell'innocenza di Benassir: che ne è della sua se gli ci è voluta l'eroina per scoprire intossicazione, traffico e compulsione i quali non avevano atteso il prodotto per prosperare in lui così come nel mondo? Di cosa è dunque esperto? Solo gli innocenti possono capire l'innocenza così come solo i drogati possono capire la droga. La presunta innocenza di Benassir non è che una forma superiore di comprensione, un'intelligenza idiosincratica.

L'amore della propria vita è come un migliore amico, ben venga se ce n'è più di uno. È come qualsiasi persona o cosa senza cui non si può vivere e a volte si deve proprio.

Com'è incomprensibile per gli altri volere assolutamente fare questo - cioè: qualunque cosa che impegni oltre la prudenza abituale - per una donna o per un uomo, per soldi o per riconoscenza, per un grammo di coca o di eroina, per un figlio, per Dio, per la famiglia, per l'onore o per la Francia. Perrin lo sente come il cuore stesso dell'individualità: ciò che ognuno sopporta nella propria esistenza, ciò che sopporta senza rendersene conto e ciò che sopporta a fatica. Per lui, quella dipendenza lì non è un ostacolo insormontabile, quella da esseri su cui può contare, dallo sport che gli fa solo bene, dall'hashish che è decisamente meno preoccupante dell'eroina. Preoccupante tuttavia, perché la società è organizzata in modo tale che non può rimpinzarsi tanto quanto vorrebbe, davanti a certe persone o in certe situazioni, e poi perché ciò che ricerca fumando è lo sballo e, per quanto ammirevole e attraente, per quanto arricchente e liberatorio sia spesso lo sballo, a volte ha anche l'inconveniente di renderlo solo ed esclusivamente sballato, senza alcun beneficio apparente, quando invece è l'unico modo che ha per conquistare ciò che chiama allora ingiustamente serenità. Può starsene in silenzio in mezzo alla gente per una quantità di tempo pazzesca senza rendersene conto, tanto lavora di fantasia in quegli istanti, completamente isolato dal resto. È forse dall'innocenza che è dipendente Benassir, dipendenza non banale, dalla loro relazione che lo preserva all'interno della sua omosessualità musulmana?

Per Perrin, Benassir è dipendente dalla salute e questa salute è contagiosa. Il giovane tunisino ha questa forza che sovverte ogni cosa, che spazza via ogni velleità di perversione, di inutile infelicità, fin nella relazione stessa. Mai e poi mai Benassir vedrà la droga come un rimedio perché qualsiasi droga sarebbe un affronto alla sua identità, alla sua integrità, e perché lui tutto sommato è soddisfatto di quel che è. La sua droga è la buona salute fisica e mentale, che potrebbe trasformarlo nella *fashion victim* del primo prodotto omeopatico di turno purché gli sia abilmente decantato in farmacia. Non si bucherà mai, col rischio di beccarsi un'epatite se il buco è fatto male. È solo per la sua salute che Benassir è disposto a far follie.

*

Perrin, per troppo tempo, è stato innamorato di Jérémy, un giovane che giocava con la sua avvenenza per tenerselo accanto mantenendolo però a debita distanza sessuale. Perrin lo amava, ma gli era proibito farlo fisicamente. Era perso nel suo desiderio, dipendente da una droga che non prendeva. Jérémy desiderava forse ammortizzare le spese dell'analista vedendo in Perrin un padre con cui, come vuole la normalità, gli era interdetta qualsiasi relazione sessuale - ma il ragazzo aveva adescato Perrin con ben altri argomenti. Comunque sia, a forza di frustrazione, Perrin si è stufato e ha tagliato i ponti.

Adesso, quando racconta la sua disavventura, afferma, come se questo gli facesse recuperare qualche punto nella faccenda, che il giovane Jérémy aveva tutto di una puttana, eccetto il coraggio. La prostituzione è come il suicidio, si può discutere del livello di codardia presente in entrambi, ma nessuno può negare che il coraggio, in ogni caso, fa la sua parte. (E nel masochismo allora, quel gusto di Perrin per l'umiliazione, per troppo tempo, prima di esserne disgustato?) La prostituzione senza atto sessuale è come un suicidio che consiste nel vivere senza enfasi, nel cuocere a fuoco lento nella speranza che non accada nulla da qui fino alla morte naturale - prospettiva a priori poco esaltante. Del resto, la prostituzione così come la si intende non è il sogno di Perrin, che però non ha nulla contro una prostituzione borghese, senza soldi, praticata con la sola forza della persuasione, delle convenienze o dell'amore.

Il prostituto senza prostituzione fisica ha attizzato Perrin che si è lasciato prendere a tal punto che il rimpianto di aver conosciuto il ragazzo, cresciuto a poco a poco dentro di sé, è diventato eccessivamente vivo, come se il flop dello sfortunato incontro perdurasse tramite un'altra complicità in cui non c'entra più il sesso bensì l'acredine, la meno piacevole delle dipendenze. Dice di rimpiangere di aver conosciuto Jérémy, ma in realtà rimpiange anche di essersene sbarazzato, per sua scelta e tuttavia suo malgrado. Come per l'eroina, non può fare altro che rievocare i brutti momenti, senza i quali gli anni di libertà acquisiti in seguito rischierebbero di perdere il loro fascino.

Proprio a proposito di Jérémy, Lusiau gli ha detto che lui non potrebbe mai innamorarsi di qualcuno senza esserci andato a letto e simili osservazioni hanno finito col turbare Perrin. Essere innamorati è destabilizzante per definizione, perché non si è più padroni di se stessi, perché si è dipendenti - ma da cosa? Da un corpo, da un culo, da un'anima, da un cazzo, da una pelle, da un'intelligenza, da un sorriso? Esistono tante dipendenze quanti sono gli innamorati, Perrin non arriverà a nulla attraverso questo genere di riflessioni che potrebbe continuare all'infinito (da un gomito, da un ginocchio, da uno sguardo, da una pazienza o da un'impazienza, da una bontà o da una durezza, da una tolleranza o da un'intolleranza...). A un certo punto, si è chiesto se il ragazzo non avesse una buona ragione per non scopare con lui, un'eccellente ragione, l'impotenza, come gli ha suggerito un'amica. La cosa non lo ha convinto perché l'impotenza dell'altro non gli avrebbe dato troppo fastidio (elemento, questo, che non doveva certo stuzzicare il desiderio di Jérémy), dopo un'attesa così lunga, purché non influisse negativamente sulle sue stesse capacità. Ma può darsi che l'altro ragionasse diversamente.

Perrin vede il ragazzo come una specie di partner segreto, un Mr. Hyde sessuale creato con chissà quale manipolazione psicologica, a forza di riserbo fisico e di effusione sentimentale, come se, in fatto di esseri umani, fosse meglio affidarsi a una droga scadente, cattiva, anziché a una che ci vuole bene e che ci fa così costantemente bene da perdere il suo statuto di droga, al pari degli amori della propria vita. Come uno scienziato pazzo - o quei ricercatori che lavorano per i produttori di tabacco i quali vogliono a tutti i costi introdurre un elemento additivo nel loro prodotto per allungarne la vita commerciale - che crei un mostro ben diverso da Frankenstein, un essere talmente adorabile da fare innamorare diversi esseri, mentre lui non s'innamora mai. Il ragazzo, senz'altro ferito dall'essere stato abbandonato, si è fatto vivo più volte come uno spacciatore e anche qualcosa in più, come se fosse anche lui vittima o, meglio, come se la vittima fosse lui e non Perrin. Che male ha fatto a non andarci a letto, cosa che un tipo per bene non ha il diritto di esigere da nessun individuo libero? La droga di Jérémy è la filiazione, questa sua idea della relazione, onde il suo egoismo radicale: nulla di ciò che può provare Perrin lo tange e, anche se fosse, sarebbe il minimo di ciò che patisce un padre per il proprio figlio - a che altro servirebbe un padre? Perrin ne sa qualcosa, dell'innocenza raggiunta per pigrizia, quando non si spreca tempo a pensare al male che si fa, quando quello che si subisce o si è subito o si potrebbe subire invade tutta la mente.

Col passare del tempo, tramite alcune telefonate e qualche nuova conoscenza, Perrin si fa un'altra immagine del ragazzo: un poveraccio che crede che l'amore debba corrispondere a quel che si dice in giro. Jérémy ne è così convinto da essere disposto a crearsi con la forza un padre sostitutivo, sicuro che non vi sia in ogni caso alcuna possibilità per lui con un essere già provvisto di almeno un amore della sua vita, poiché solo un'esistenza in comune con esclusività sentimentale e sessuale quanto meno promessa può rispondere a quelli che considera i suoi bisogni - c'è una necessità vitale nell'adeguarsi alle regole di analisi e di amore in vigore. E se non funziona pazienza, l'infelicità appartiene a questo mondo. È necessario che il carnefice si veda come una vittima, che l'infelicità del sadico giustifichi ai suoi occhi il suo sadismo. Si può essere stati eroinomani e provare indignazione lo stesso.

Un giorno, mentre sono insieme al bar, Jérémy riceve una telefonata dall'uomo con cui vive adesso e Perrin lo sente rispondere: «Ma sono con Perrin, ora», affinché il suo interlocutore, sua sponte, richiami dopo (e intanto Perrin capisce che il racconto dei suoi amori passati fa parte del repertorio di seduzione di Jérémy). Ma non basta, si blatera ancora all'altro capo del telefono. «Ci penserò stasera alla lampadina del salone e alla perdita del lavandino, è solo una guarnizione», continua Jérémy, poi «D'accordo» e di nuovo «D'accordo, anche il lavello» con una sottomissione crescente finché non riesce a riattaccare. Perrin vede il sesso come un elemento più determinante nella sua relazione con Jérémy che in quella di Jérémy con l'attuale amore della sua vita, come se la mancanza di sesso fosse il vero criterio dell'amore di Jérémy.

L'ossessione di Perrin è alimentata da tutto ciò che legge. «Il dottor Johnson fa una giusta osservazione quando dice che non facciamo mai consapevolmente per l'ultima volta, senza una tristezza nel cuore, ciò che siamo soliti fare da molto tempo», scrive Thomas De Quincey quando racconta che sta per fuggire dalla scuola in cui non è stato felice. Forse il carcerato prova nostalgia dormendo nella sua cella la notte prima della sua liberazione. Ogni ultima volta consapevole chiama in causa la solidarietà con la propria vita. Non è dato sapere in cosa sfocerà un'ultima volta, quali prime volte inaugurerà, quale sarà il nostro posto a costo di chissà quali malintesi in chissà quale nuova comunità. In Proust c'è questo paragone: «come nel momento in cui uno sconosciuto, col quale abbiamo appena scambiato amabilmente delle idee che abbiamo creduto simili riguardo a dei passanti che entrambi eravamo d'accordo nel giudicare volgari, ci mostra ad un tratto l'abisso patologico che lo separa da noi aggiungendo con nonchalance mentre si tasta la tasca: "Peccato che non abbia con me la rivoltella, avrei fatto piazza pulita"». Centinaia di volte ha vissuto un simile divario, perso in mezzo ai suoi colleghi, in piena eroinomania. Perrin si sente l'allievo del mangiatore d'oppio quando non riesce a porre fine alla sua fantasia di relazione con Jérémy. Sarebbe troppo triste rinunciarvi, dirgli addio per sempre, che sia tra un mese o tra un anno, senza che Tito vada mai a letto con Berenice, lasciare che questa felicità chiara, definita, accessibile svanisca irrimediabilmente. Rinunciare significa rinunciare alla felicità e liberarsi significa rinunciare. Perrin lascia Jérémy a una condizione: se un giorno all'altro venisse voglia di fare l'amore con lui, si rifaccia pure vivo.

Ha finito per credere, perché no?, a una sincerità del ragazzo che non cambia le carte in tavola: Jérémy aveva davvero eletto Perrin a padre e Perrin, secondo la formula deleuziana, era perso nel sogno dell'altro, nel suo delirio, così che la relazione, a partire dal momento in cui hanno smesso di vedersi, ha continuato a vivere in ognuno di loro essendo già di per sé priva di realtà. È come se Perrin si fosse innamorato di un giovane che alla fine gli ha rivelato che, in realtà, non era affatto un uomo bensì una zebra o una tortora - questo non è un argomento plausibile, non aiuta a dimenticare. Come guarire da una relazione che non esiste?

Perrin crede, a volte, di essersi sbarazzato dell'eroina, non necessariamente di ciò che gliela provocava. Teme di aver giusto cambiato avversario o partner, di tradire continuamente la sua stessa vita, deviato dalla sua esistenza ideale. Se un giorno un amico generoso gli offrisse improvvisamente un po' di eroina, si rifarebbe? Se Jérémy, a un tratto, cedesse al suo ricatto e accettasse di andare a letto con lui, cosa accadrebbe? Ma è una follia immaginare queste cose, mescolare fatti e psicologia. Un innamorato difficile si manifesta nei fatti per poi ritirarsi nella psicologia - chi vi fa del male è qualcuno o qualcosa, da cui voi vi ostinate a aspettarvi il bene. Dopo tutti questi anni, che ne è del desiderio di Perrin? Quale mancanza colmerebbe un amplesso con Jérémy, che batosta sarebbe? Lui non è più innamorato, il giovane non è più tanto giovane, solo un accesso d'ira fomenterebbe Perrin. Che cosa gli farebbe avere un'erezione, a patto che ciò accada? Qual è il nesso tra il suo astio stagnante e la felicità rigenerante che quello stesso atto gli avrebbe procurato anni addietro? Non è mai andato a letto con Jérémy quando lo amava e questo gli mancherà sempre, quell'eterna mancanza che è la summa di tutte le umiliazioni, come se il ragazzo gli avesse trasmesso il suo virus e fosse ormai Perrin ad aver perso il contatto con la realtà. C'è stato un tempo in cui accettava l'impotenza; ce n'è un altro in cui scopare è obbligatorio. Questa idea folle di guarire dalla mancanza, sarebbe come guarire dalla vita stessa.

Si parlano ancora una volta. L'altro gli ha lasciato un messaggio, Perrin ha richiamato e Jérémy è stato sgradevole. Perrin aveva creduto inizialmente che Jérémy sarebbe riapparso come uno spacciatore e invece è più come una droga. Se le azioni e reazioni di Jérémy gli risultano incomprensibili è perché esprimono il punto di vista non del trafficante ma della droga stessa. Come se l'eroina, improvvisamente dotata di vita, si lagnasse di essere stata abbandonata priva di vita in una riserva segreta da cui, per l'infelicità generale, non riesce a uscire, quando tutto ciò che chiede è scorrere nel sangue degli uni e degli altri per il bene di tutti. Nemmeno all'eroina bisogna chiedere più di quanto può dare, ma come fare diversamente? Le si chiede giusto di ridare esattamente ciò che ha dato ed è esattamente ciò che non può fare. Non si annega mai due volte nello stesso fiume. Si possono ripetere le stesse esperienze, il fiume avrà ogni volta quanto meno un nome differente. Siamo dipendenti, da cosa è secondario per se stessi se è essenziale per la propria salute fisica o mentale. Il sé si rivela irriducibile, è ciò che non si cura di nient'altro all'infuori di sé.

Come se Jérémy fosse una droga sconosciuta di cui Perrin si sia beccato solo la dipendenza, come se il desiderio stesso fosse una dipendenza da cui niente, neanche il piacere eventualmente, liberi definitivamente. È dipendente chiunque sia ricattabile così: «Non vedrai mai più tuo figlio (o il tuo amore)», «Non troverai mai più un lavoro», «Non toccherai più la roba», «Volevi la discrezione? Tutti sapranno che…». «Ogni uomo ha visto il muro che limita la sua mente»: questo verso di Vigny, per Perrin, non allude più a un limite bensì a una protezione, il muro che salva, che preserva l'indipendenza. L'inumanità come indipendenza radicale.

Lusiau ha odiato Jérémy sin dal primo giorno. A lungo andare, conoscendolo solo attraverso i mali inflitti al suo amico, più che un imbecille o un pazzo, considera il ragazzo solo un gran coglione. Quando infine, a torto o a ragione, Perrin gli dice: «Ho voltato pagina», Lusiau risponde altrettanto seccamente: «Hai tirato lo sciacquone». Quel rimpianto ricorrente di Perrin: i cessi non sono più quelli di una volta.

«Ma insomma che ti prende? Così non può continuare».

Perrin e Benassir cenano con una coppia di amici e, il giorno dopo, Benassir è distante, non è in vena di vedere Perrin, ragion per cui quest'ultimo pensa che il suo amore non stia bene. Capita al giovane tunisino, che ha quest'abitudine, quando si considera poco piacevole da frequentare, di non frequentare nessuno il tempo necessario. A volte parte per due o tre giorni, da solo in una città sconosciuta dove non c'è il rischio che la sua angoscia pesi su qualcuno. Tali episodi mandano in bestia Perrin, disorientato dal fatto di non poter aiutare colui che ama e tuttavia sollevato che l'altro non conti su di lui in quei momenti - che Benassir faccia affidamento sul suo amore più che su di lui. L'amore di Perrin è un dato di fatto, non soggetto all'indelicatezza o all'indiscrezione come può esserlo lui stesso.

E due giorni dopo, quando ancora non si sono rivisti dalla cena, con un tono aggressivo, incontrollato, al telefono:

«Ma insomma che ti prende? Così non può continuare».

Perrin non capisce, lui che due sere prima ha passato una bella serata.

E Benassir giù a sfogarsi, esasperato:

«Così non può continuare. Non hai smesso un attimo di pulirti il naso. Dove credi di essere? Che ti prende? Non vivi mica da solo. È incredibile, ti mangiavi le caccole».

«È vero, sono raffreddato», dice Perrin.

«Non c'entra niente. Nessuno si tortura il naso in quel modo. Non può più continuare».

Benassir è fuori di sé, Perrin è sconcertato da una rabbia secondo lui ingiustificata visto il suo oggetto.

«Sì, devo stare più attento. Scusami».

Urge bloccare questo sbotto tanto violento quanto inaspettato. Per Perrin non c'è alcun motivo di litigio, tanto più che non capisce perché il rimprovero non gli sia stato fatto durante la cena, quando sarebbe stato così facile correre ai ripari. Sono stati gli altri ospiti a lamentarsi dopo che lui è andato a letto? Le dita nel naso, è il vizio che fa traboccare il vaso o è di per sé insopportabile, pratica ripugnante che non può non scandalizzare qualsiasi essere umano degnamente costituito?

Perrin ritiene di avere delle eccellenti ragioni per perlustrarsi il naso. Gli stappa le narici, respira un tantino meglio con una caccolina in meno. Ed è vero che la modella tra le dita, così sa che farsene di due delle sue dita. Ma come sbarazzarsene se la caccola gli resta attaccata al dito, incollata? A volte la sola soluzione sarebbe mangiarla, un tempo gli andava anche bene ma, dopo aver visto un altro farlo, la cosa lo ripugna, e dunque il rimprovero di oggi risulta ancora più ingiusto. Quell'inutile moccio che gli cola, costringendolo a tirare su col naso all'infinito, e va bene, gli capita di pulirsi il dito infilandoselo in bocca dopo l'uso, è pratico. Il suo dito arriva là dove non arrivano i fazzoletti, acchiappa sempre qualcosa anche se non è mai definitivo, migliorando di continuo la sua inspirazione.

Perrin crede di non essere visto, o che in ogni caso può fare come se così fosse - è una cosa talmente personale, riguarda talmente poco qualcun altro. Che importa se gli altri vedono, basta che non susciti una violenza come quella di Benassir in questo momento. Per smettere, le dita gli si dovrebbero intorpidire come le palpebre. Perché il suo naso è fatto in modo tale che la pacchia non finisce mai. Quel naso fabbricatogli dai suoi genitori, non glielo perdona. Si direbbe che la vita sia un naso, da consumare a più non posso. Scaccolarsi, non lo si può mica fare con tutto davanti a tutti.

«Vai in bagno se proprio non puoi farne a meno», aggiunge Benassir.

Per gli altri, la droga è una fantasia e il suo naso una realtà. La droga è un mondo parallelo mentre il naso di Perrin, visibile lontano un miglio, è ancorato alla realtà, è in primo piano. Al tempo dell'eroina, prendersi la massima cura del proprio naso, pulirlo, non lasciar disperdere neanche un po' di muco era una necessità primaria: le sue narici potevano contenere tracce della preziosa sostanza. Sarebbe stato il colmo, quando s'imbottiva di eroina, che gli si rimproverasse la connessione tra dito e naso, il suo continuo e frenetico scavare in quella miniera più o meno d'oro. Oggi che l'eroina non gli invade più vene e narici da secoli, è ancora più pazzesco prendersela con il suo naso come fosse un trafficante dello scaccolamento, un maniaco compulsivo fissato con la pulizia del suo organo. Non è più tempo di trattarlo come un tossico.

Ora, è proprio a questo che lo fa pensare la rabbia ingiustificata di Benassir, un comportamento che suscita a lungo andare la vita accanto a un drogato il cui modo di essere, fondato su una logica e degli interessi tanto diversi quanto segreti, rende difficile qualsiasi soluzione razionale. La collera per allentare la morsa. Migliaia di volte ha temuto che un innamorato gli rimproverasse l'eroina, a buonissimo diritto, dato ciò che subisce il compagno dell'eroinomane, e che un simile litigio lo disarmasse a priori, sapendo per certo di dover difendere una causa persa. E sembra che proprio ora che l'ha fatto da un pezzo debba invece smetterla, con le dita e con il naso. Perché non provarci? Non crea a Perrin nessun problema psicologico: è compulsione allo stato puro, priva di necessità vitale. Per lui, non significa niente a livello conscio, eccetto facilitargli la respirazione che non è roba da poco, ma in fondo non ha mai rischiato l'asfissia neanche con le mani in tasca. Figurarsi con le dita nel naso.

Questa droga qui non suscita nessuna mitologia. Perrin non riesce a immaginare una situazione in cui il suo gesto appaia come una splendida trasgressione il cui ricordo sopravviva per anni. Nello Studio ovale: «No, Mister President, le sue rivelazioni non mi fanno togliere neanche per un attimo le dita dal naso». È un'intossicazione del tutto priva di eroismo. Come quando sta male, anche qui, non per l'astinenza ma per gli eccessi, per aver bevuto troppo, fumato troppo, mangiato troppo. È lì lì per svenire, troppo debole per arrivare fino in bagno o troppo sbandato per reggersi in piedi. Malessere vagale, finisce steso sul pavimento, incapace di sollevarsi di un solo centimetro da terra, solo così sta bene, immobile, ora ghiacciato ora sudato da un istante all'altro. È lì che gli fuoriesce tutto, dal davanti, dal didietro, dalla bocca e dal culo, spargendosi ovunque, spettacolo immondo. Quando Benassir lo soccorre in tali circostanze, Perrin ha la sensazione di non mostrare il lato migliore né di sé né della droga - a livello di immagine, è un flop. Questa merda che ha cosparso ovunque, su di sé, per terra, sui suoi vestiti, non ha abbastanza fantasia per difendere la sua apparizione come se valesse talmente la pena di bere, di fumare e di mangiare che pazienza se poi implica episodi meno gloriosi. La merda, il vomito, non sono cose molto gettonate. E qui almeno si tratta di stare male, uno stato involontario. Ma le dita nel naso, le merde di naso e i vomiti di naso, far passare tutto questo per della droga renderebbe indifendibile la droga stessa.

Quella rabbia dell'altro, a cui Perrin è scampato così spesso nel clou della sua dipendenza, non gli dispiace confrontarcisi ora. Soprattutto perché non la teme in quanto rabbia, come un attacco alla sua persona, perché non riguarda che le sue dita e il suo naso e lui può fare il finto tonto con più veracità. Eppure, è segno che l'intossicazione c'è, che sta perdendo il controllo. Perché la sua, di vergogna, la sa gestire, gli basta sopportare le umiliazioni e in questo ha una lunga esperienza; ritrovarsi invece di fronte alla vergogna dell'altro, quella vergogna suscitata in chi lo ama dalle umiliazioni che lui sopporta, questo lo fa davvero vergognare. Come un'oggettività delle sensazioni contro cui non può niente. Come con l'impotenza, nulla è soltanto un suo problema (Dio com'è difficile la vita, l'egoismo ordina anche di preoccuparsi degli altri). La vergogna come un due di picche che continua a rifilare a chi lo ama. Anche dalla vergogna è dipendente, a forza di buchi nelle vene o di grandi sniffate, a forza di dita nel naso o di sfintere troppo indipendente, a forza di vedere nei bagni il miglior rifugio possibile. Non c'è vero drogato che storca il naso davanti all'umiliazione, che non ne conosca le bellezze e i limiti.

Il consiglio di Benassir non era cattivo. A volte, quando Perrin è in bagno, sfiora apposta l'overdose torturandosi il naso all'infinito, smania inattaccabile se svolta in solitudine. Quand'anche tutti immaginassero cosa sta facendo lì dentro, nessuno avrebbe il diritto di rimproverarglielo. Non fa male a nessuno giusto sapere che si pulisce il naso se lo si apprende per sentito dire. Non gli si andrà certo a dire: «Sai, si comincia così e si diventa sordi, oppure si finisce per farlo anche davanti agli altri», perché è proprio per non farlo davanti agli altri che lui lo fa in solitudine, perché è un progresso, come il fumo, come l'alcol per Lusiau diseroinizzato. Come se Perrin fosse un esibizionista di naso e dita, proprio lui che non lo è mai stato dell'eroina. La discrezione è la virtù cardinale, purché non si dia nulla a vedere non attraverso le azioni ma nella condotta, non con gli occhi ma con la psicologia o l'intelligenza. Questa impudicizia che è l'odore della propria merda, fosse anche in fondo al cesso. Noi finiamo per abituarci, ma chi entra dopo?

Fascino della vita al gabinetto: mettersi comodi, respirare tranquillamente, calmi, sereni, liberi dal mondo sociale, in altre parole fare una pausa. È una solitudine deliberata quella che si trova lì dentro quando, ancora meglio, non ci si va in compagnia per qualche minuto di divertimento. Tutte le droghe portano al cesso, il cesso porta con sé qualsiasi droga. A parte gli stitici, che ci vanno inutilmente, per provare invano e reiterare in eterno il loro fallimento, come tutti a questo mondo, finché un giorno succede ed è fatta, ecco innescata la routine, la vita è bella. Le mattine di un eroinomane.

Quando Perrin ci va di notte perché così esige la sua vescica, si siede per non dover fare attenzione e svegliarsi ulteriormente. Mentre piscia conta i secondi per essere certo che nient'altro gli passi per la testa. Se l'eroina non fosse l'unica cosa di cui potersi sbarazzare fisicamente nel giro di una settimana, semplicemente pisciando e soffrendo, se si potesse eliminare tutto al gabinetto, Jérémy, le dita nel naso e l'infelicità. I bagni, luogo ideale di purificazione, cassaforte della fase anale.

Ma c'è anche il rischio di ritrovarsi nei cessi della storia - per esempio, quando Perrin guarda una partita in TV ed è costretto ad allontanarsi dallo schermo per andare a pisciare e proprio nel bel mezzo della minzione fanno goal. È andata, non c'è più niente da fare, a parte sperare che non arrivi troppo prestoil replay.

Per parlare di sua madre, Lusiau un giorno dice a Perrin: «La donna da cui provengo, che mi ha intossicato con i suoi tessuti, con la sua educazione». La sua riconoscenza d'artista non placa il figlio. È stata una catastrofe nascere in quella coppia, in quell'ambiente. Irrimediabile? Perrin vede l'ingiustizia sociale come un razzismo, una pornografia, e Lusiau rafforza questa sua visione. L'omosessualità e l'eroina hanno fatto uscire Perrin dal suo ambiente, gli hanno fatto incontrare esseri che non avrebbe mai dovuto incontrare, amori e spacciatori, amanti di una sera e altri consumatori. Nei tempi peggiori dell'eroina, lo rassicurava il fatto che lo spacciatore vedesse in lui un drogato un po' insolito, più integrato, sebbene lui non facesse niente per risultare così.

Lusiau non ha mai giocato a questo gioco. Per lui, in principio, farsi di eroina è stato un motore d'integrazione, qualcosa che sanzionasse al meglio il suo adattamento all'ambito artistico in cui cominciava appena a trovare il suo posto; si drogava come Tal dei Tali, come tutte le persone più in vista. L'eroina era un ascensore sociale, portatore di mille complicità. Lui che veniva da così lontano, tutt'a un tratto era uno di loro. Come se il suo talento artistico da solo non fosse bastato, ci voleva anche un talento oppiaceo che gli altri avevano esattamente come lui - bando alle gelosie. Ma geloso avrebbe potuto esserlo proprio Lusiau, a cui ogni grammo costava talmente di più, sprovvisto com'era tanto di introiti quanto di beni. Ma non era questa la sua natura né la sua strategia: sicuro delle sue capacità, sperava solo che non ci sarebbe voluto troppo tempo a raccoglierne i frutti, e l'eroina è un dolce metodo di attesa.

Perrin non ha mai visto né il padre né la madre di Lusiau. Il padre è morto quando Lusiau aveva nove anni, finendo contro un muro dopo aver falciato sul marciapiede una coppia di adolescenti che non la scampò, un giorno che guidava senza patente. Quanto alla madre, Lusiau ne parla solo con esasperazione, non sopporta che voglia incontrarlo quando viene a Parigi né che si lamenti se non lova a trovare quando lei resta a casa sua, nel gelido paesino della Lorena dove ha ben pensato di sistemarsi. Lusiau è figlio unico. Dopo un aborto spontaneo, sua madre ha dovuto rinunciare ad altri figli, aggravando il già profondo dispiacere del padre che desiderava una famiglia numerosa. Lusiau sostiene che, quando lei gliel'ha raccontato, abbia così commentato: «In fondo, è la cosa migliore che mi sia capitata». Niente soldi da parte del padre né da quella della madre, ma neanche la miseria totale. A quattordici anni, Lusiau fumava hashish, più dei suoi amici e con più consapevolezza, senza sprecare tempo a immaginarsi che quella fottuta età dell'oro sarebbe prima o poi finita, dato che nessun lavoro si profilava all'orizzonte. Non c'era motivo di privarsene, era fatto per quelli come lui.

Neanche Lusiau ha mai visto il padre e la madre di Perrin. Sono entrambi in pensione, adesso. Il padre ha concluso la sua carriera come direttore di ricerca al CNRS[2] e la madre come preside di liceo dopo avere insegnato storia e geografia. Secondo l'opinione di Perrin, la droga non apparteneva al suo mondo. Ha sempre avuto dei rapporti di correttezza con i suoi genitori. Mai e poi mai gli presenterebbe un amico eroinomane, per paura che identifichino come tale anche lui e che si preoccupino. Mai e poi mai gli parlerebbe dell'eroina, non per risparmiare loro ma a se stesso, tutte le loro angosce che dovrebbe poi sopportare. Gli viene in mente che se fossero in grado di annusare l'eroinomania di un amico, la sua gli risulterebbe ancora più accessibile. Ma l'argomento non regge perché l'eroina non è che un pretesto: preferisce non presentargli i suoi amici perché, molto semplicemente, non è necessario che li conoscano, così come non è necessario che conoscano la sua dipendenza. Sono i suoi genitori, sarebbe osceno se la droga, una qualsiasi, fosse una complicità tra di loro.

Per Perrin e Lusiau, la famiglia è una dipendenza forzata e sbarazzarsene è un'altra dipendenza. Sono costantemente nel buco del ciclone. La brutalità dei comuni metodi di disassuefazione qui non è appropriata. Sono miracolati coloro che riescono a disfarsi della propria famiglia con la sola forza dell'indifferenza, così, per ritrovare i criteri di parentela con qualsiasi droga, perché possono benissimo farne a meno, non hanno bisogno di essa per essere felici e non amano distruggersi. Come ripulirsi dalla propria famiglia? Qual è la

2 Centre national de la recherche scientifique [N.d.T.].

misura di legame ragionevole oltre la quale diventa una tragedia?

Perrin si ricorda ancora di quando, un giorno, in visita da sua madre durante uno degli eterni viaggi di suo padre, è andato a pisciare e ha trovato la tavoletta alzata. Siccome sua madre era sola nell'appartamento in quel periodo, non c'era motivo che giustificasse la posizione della tavoletta se non quello di far notare a lui stesso che non prestava sempre tutta questa attenzione e che il sedile recava già il segno della sua disinvoltura urinaria. Ora, le circostanze esatte sono ben presenti nella sua mente come prova di questa bugia, fin troppo presenti: da una parte, ovvio che lui alza la tavoletta per pisciare (non è mica cresciuto in mezzo ai selvaggi) e, soprattutto, l'ultima volta che è andato a trovare sua madre, si è chiuso in bagno esclusivamente per rifocillarsi di eroina, non ne ha approfittato per urinare neanche una goccia, temendo di esserci stato già troppo tempo e di esporsi a delle domande se la sua assenza si fosse protratta ancora. La droga, quindi, la totale innocente. La tavoletta era abbassata quando è uscito dal bagno, questo è vero, poiché ha dovuto sedercisi sopra per fare la sua manipolazione. In piedi, prima di uscire, ha tirato lo sciacquone, per fare finta e, siccome manca il copriwater, capita che il vortice d'acqua schizzi sulla tavoletta se non c'è sopra il sedere di nessuno. Perché manca il copriwater? Perché si è rotto dieci anni prima e nessuno in famiglia si è sbattuto per ripararlo, perché è complicato far venire un operaio apposta per questo e perché, col passare del tempo, non ci si è più pensato. Si sarebbe mai drogato se fosse cresciuto in una famiglia meno pigra?

Ecco cosa racconta Lusiau a Perrin in risposta. Quando era piccolo, sua madre non mancava mai di fargli notare le macchie nelle mutandine e lui era esasperato da questa umiliazione, perpetuatasi finché non ha lasciato il tetto familiare. Era come se nient'altro contasse per sua madre, come se per lui non fosse mai stato possibile andare avanti nella vita continuando a trattare così la biancheria. Da adolescente, Lusiau si era immaginato che se avesse aggredito qualcuno per strada e fosse tornato a casa coperto di sangue, sua madre non avrebbe potuto rimproverargli niente, a patto che avesse perpetrato l'aggressione di buon'ora, prima di essersi lanciato vestito nella minima funzione evacuativa, e purché fosse certo di non sporcarsi le mutande, protette dagli spruzzi di sangue grazie a pantaloni e maglietta. «Avrebbero dovuto darmi l'ero a sei anni, non avrei rischiato di pulirmi male il culo se fossi stato costipato a meraviglia. Solo che, mia madre, non era la roba ciò che spacciava meglio» dice Lusiau, cercando di arrestare questo traffico di racconti intimi. Se rimproverare qualcosa ai propri genitori è regressivo, tanto vale farlo per bene.

Come uscirne? Non osano elevare al rango di spiegazioni i loro rimproveri uro-scatologici anche perché nessuna spiegazione va bene - nessuna è all'altezza dell'eroina.

Quale violenza dovrebbe contrastare la dolcezza dell'eroina? E quale dolcezza squalifica la sua violenza?

«Che ne pensi di questo?» gli chiede un giorno Lusiau, accogliendo Perrin nel suo atelier e svelandogli una nuova opera.

Si tratta di quattro statuette scolpite in un unico blocco che ricordano quelle associate al culto vudù. Sono di diverse dimensioni ciascuna e Perrin ci intravede il padre, la madre, il figlio e la figlia. Gli spilli che, nella stregoneria, si ritrovano in varie parti del corpo, qui sono lavorati in modo da farli assomigliare agli aghi di una siringa e appaiono solo nelle vene sporgenti di un braccio di ciascuna statuetta.

«Espressiva, no?» dice Lusiau di fronte al silenzio di Perrin.

Quest'ultimo è disorientato: la sua vita, magia bianca o magia nera? Come se accadesse tutto molto prima e non ci fosse più nulla da fare dopo, come se la sua nascita fosse stata una stregoneria. L'eroina, ci è caduto dentro quando era piccolo, ma non lo sapeva - l'eroina o qualsiasi altro surrogato affettivo. E, a differenza di Obelix, la sua familiarità con la pozione magica lo costringe a riprenderla. Ha come l'impressione di non riuscire a esprimere l'intensità dei suoi sentimenti con Lusiau, le parole si affollano, con un senso forse ma senza grammatica, nessun soggetto ha il suo verbo e nessun verbo ha il suo complemento.

«Meno male che c'è un istinto per restare attaccati alla vita, perché forse non sempre ci riusciremmo con la sola forza della ragione», dice Lusiau.

*

Perrin ha chiuso con l'eroina da anni quando, nel cuore della notte, si sveglia in preda all'angoscia. Ha già rimosso la maggior parte del suo incubo, la maggior parte dei concatenamenti di causa-effetto. Gli restano delle forti immagini mentali. È al cinema nel bel mezzo di un film che è iniziato da un pezzo ma lui è appena arrivato, se ne sta in piedi nel passaggio che deve condurlo a una poltrona, è sudato fradicio, trafelato. Ha corso per arrivare lì, in quel rifugio. Fugge perché ha appena commesso un duplice omicidio; analizzando meglio la situazione, è molto probabile che siano proprio suo padre e sua madre le vittime. Nessun movente viene a inquinare il suo incubo. Li ha uccisi e, adesso, deve nascondersi. In migliaia di film, in migliaia di gialli, è al cinema che l'assassino trova prima riparo, lui segue la routine. Perrin non ha alcun rimpianto, alcun rimorso, ma ha paura. Capisce che non deve farsi notare in quella sala e quindi, tanto per cominciare, non deve assassinare nessuno lì dentro. Ma peggio: non deve violentare nessuno e questo gli sembra eccessivo come obbligo. È solo perché è cosparso di sangue ovunque che non si mette a discutere questo imperativo, a sottilizzare, perché non deve farsi arrestare proprio ora. Non deve violentare nessuno? Non violenterà nessuno. È disposto a fare questa concessione pur sentendosi capace di far fuori tutti gli spettatori, uno dopo l'altro. È in piedi nella sala in cui proiettano un dramma psicologico senza rilievo, con un coltello sgocciolante nella tasca della giacca, completamente smarrito: se non può più uccidere né violentare nessuno, che senso ha la sua vita?

Edizioni Clichy

Volumi pubblicati

Gare du Nord

Marguerite Duras, *I miei luoghi*
Antoine Volodine, *Scrittori*
Claro, *CosmoZ*
Jean d'Ormesson, *La conversazione*
Philippe Besson, *Una buona ragione per uccidersi*
Françoise Hardy, *L'amore folle*
Cyrille Martinez, *Giovani, artisti e disoccupati*
Michel Layaz, *Due sorelle*
Didier Decoin, *Un'inglese in bicicletta*
Pierric Bailly, *L'amore ha tre dimensioni*
Manuela Draeger (Antoine Volodine), *Undici sogni neri*
Françoise Sagan, *Musiche di scena*
Martin Page, *L'apicoltura secondo Samuel Beckett*
Cécile Huguenin, *Alzheimer mon amour*
Stéphane Michaka, *Forbici*
Dominique Sigaud, *Il caso Franz Stangl*
Isabelle Coudrier, *Mille anni di giovinezza*
Stéphanie Polack, *Come un fratello*
Jean-Louis Fournier, *Poeta e contadino*
Jean d'Ormesson, *Un giorno me ne andrò senza aver detto tutto*
Linda Lê, *Come un'onda improvvisa*
Éric Faye, *Il generale Solitudine*
Olivier Rolin, *Tigre di carta*
Célia Houdart, *Carrara*
Frédéric Werst, *La civiltà dei Wardi. I e II secolo*
Héléna Marienské, *Libere*
Mathieu Lindon, *Una vita pornografica*

Bastille

Jean-Philippe Toussaint, *L'urgenza e la pazienza*
Pier Francesco Listri - Maurizio Naldini, *La costruzione della bellezza*

Pippo Russo, *Gol di rapina. Il lato oscuro del calcio globale*
Francesco Baggiani, *P(r)eso di mira*
Pippo Delbono - Giovanni Senzani, *Sangue*

Beaubourg

Jim Longhi, *Woody, Cisco & Me*
Angela Manetti, *Facciamo Tango!*
Alfredo Vullo, *Bimbiminkia*
Hugues Barthe, *L'estate '79*
Lauretta Colonnelli, *Conosci Roma?*
Craig Brown, *One On One*
Marco Petrella, *Stripbook*
Klaus Puth, *Tutti in forma con le Yoga-Mucche!*
Pippo Russo, *L'importo della ferita e altre storie*
Maurizio Naldini, *Conosci Firenze?*
Armando Punzo, *È ai vinti che va il suo amore*
Hugues Barthe, *L'autunno '79*
Giorgio Dell'Arti, *Come sarà il* 2014
J.M. Erre, *Il mistero Sherlock*
Raymond Queneau, *Conosci Parigi?*
Gérard Thomas, *Il comunismo spiegato ai bambini capitalisti*
Dario Salvatori, *Il Salvatori* 2014
Dito Montiel, *Guida per riconoscere i Tuoi Santi*
Pier Francesco Listri, *Enciclopedia popolare della vita quotidiana*
Carlo Lapucci, *Eroi senza lapide*
Klaus Puth, *Yoga per animali*
Lauretta Colonnelli, *Conosci Roma? Secondo Volume*
Giorgio Dell'Arti, *I Nuovi Venuti*
Olivier Marchon, *Il Monte Bianco non è in Italia*
Dario Salvatori, *Il Salvatori* 2015
Gérard Thomas, *L'anarchia è una cosa semplice*

Père Lachaise

Herman Melville, *Viaggi e balene. Scritti inediti*
Stefan Zweig, *Estasi di libertà*
Antonio Gramsci, *Fiabe*
Ottiero Ottieri, *I venditori di Milano*
Alfred Döblin, *Amleto. La lunga notte sta per finire*
Robert Louis Stevenson, *Una vecchia canzone*

Charles Dickens, *Guardie e ladri. Racconti polizieschi*
Antonia Pozzi, *Guardami: sono nuda*
E.T.A. Hoffmann, *Lo Schiaccianoci*

Les Halles

Roberto Raja, *La Grande Guerra Giorno per Giorno*

Sorbonne

Pippo Delbono (a cura di), *Pier Paolo Pasolini, Urlare la verità*
Franco Cazzola (a cura di), *Sandro Pertini. Il presidente di tutti*
Marco Fagioli (a cura di), *Pablo Picasso. L'immaginazione al potere*
Matthew Spender (a cura di), *Francis Bacon. Inseguire i sensi*
Tommaso Gurrieri (a cura di), *Enrico Berlinguer. Una vita migliore*
Renato Ranaldi (a cura di), *Marcel Duchamp. Un genio perdigiorno*
Paolo Russo (a cura di), *Lou Reed. Il lato selvaggio della vita*
Luca Scarlini (a cura di), *Marlene Dietrich. Il fascino crudele*
Fabrizio Parrini (a cura di), *Carmelo Bene. Il teatro del nulla*

Carrousel

Pierre Delye - Cécile Hudrisier, *I musicanti della Nuova Brema*
Marie Paruit, *Il ladro di calzini*
Nadine Brun-Cosme - Olivier Tallec, *Lupo & Lupetto*
India Desjardins, *Il diario di Aurélie.* 1. *Extraterrestre... o quasi*
Magali Le Huche, *Rosa Luna e i lupi*
Praline Gay-Para - Rémi Saillard, *Andiamo Papà!*
Isabelle Grelet - Irène Bonacina, *Il viaggio dell'asino*
Kathi Närhi, *I segreti di Fern Grove*
Shannon Messenger, *Il guardiano delle città perdute*
Carlo Collodi, *Le avventure di Pinocchio* (illustrate da Leonardo Mattioli)
Carl Norac - Éric Battut, *Libero come l'aria*
Géraldine Collet - Magali Le Huche, *E tu dove leggi?*
Julie Sternberg, *Come un cetriolino su un biscotto*
Leonardo Angelini, *Circo Pinocchio*
Bernard Friot - Magali Le Huche, *Gli invitati*
Ludovica Cupi, *Ciao! Io sono Zu Coniglio!*
Nadine Brun-Cosme - Olivier Tallec, *Lupo & Lupetto* 2. *La fogliolina che non cadeva mai*
Quitterie Simon - Magali Le Huche, *Una Zuppa cento per cento Strega*

Bénédicte Guettier, *La gallina che aveva il mal di denti*
Jean-Franços Dumont, *L'Orco e il Dentista*

Ro.Ro.Ro.

Fëdor Dostoevskij, *Le notti bianche*
Joseph Conrad, *Cuore di tenebra*
Joseph Roth, *La leggenda del Santo Bevitore*
Robert Louis Stevenson, *Lo strano caso del Dr. Jekyll e di Mr. Hyde*
Franz Kafka, *La metamorfosi*
Edgar Allan Poe, *Il cuore rivelatore*
Nikolaj Gogol', *Il naso*
Herman Melville, *Bartleby lo scrivano*
Giovanni Verga, *Rosso Malpelo*
Luigi Pirandello, *La patente*
Virginia Woolf, *Una stanza tutta per sé*
Raymond Radiguet, *Il diavolo in corpo*
Charles Dickens, *Canto di Natale*

Stampa: Creative 3.0 - Reggio Calabria
Novembre 2014